Sesenta años y un día

F. J. RODRÍGUEZ

Aliarediciones

Corrección: Inés González Calo
Diseño de cubierta: Jaime Galisteo
Maquetación: Aliar Ediciones

Depósito Legal: GR 1480-2024
ISBN: 978-84-10374-84-3

Impreso en España

Edita
ALIAR Ediciones
www.aliarediciones.es
info@aliarediciones.es

Sesenta años y un día

F. J. RODRÍGUEZ

Sesenta años y un día

Como cada tarde, mientras Santiago, de tan solo once años de edad, se encierra en su cuarto a hacer sus tareas, Alejandro se acomoda en su sillón, con la televisión encendida, mirándola sin prestar demasiada atención a lo que ponen. Rostro gris, su cabeza parece estar en otro lugar. ¿Cómo seguir pagando las facturas? ¿Por dónde seguir buscando trabajo si nada hay? «La vida era esto y yo que hablaba de mi madre. Ahora la entiendo tanto... *Años y años preparándome para esto, para ser un erudito que no es capaz de mantener* a su familia». ¿Familia? ¿Qué era eso? Ya ni existe en su universo. Él y su mujer se divorciaron cuando Santiago solo tenía cinco años.

De la habitación, sale el pequeño. Observa a su padre, triste, mientras en su mano sostiene una libreta.

—Papá, ¿me ayudas?

Alejandro se incorpora, admirando a su vástago.

—¿Qué te ocurre ahora?

—Tengo que hacer una redacción para un trabajo y no sé cómo empezar —explica el pequeño.

—¿Una redacción? —pregunta Alejandro, ceño fruncido—. ¿Sobre qué?

—Pues... tenemos que contar una historia, ya sea real o inventada. Y tengo que rellenar lo menos diez páginas.

—Vaya, eso sí que es una putada. —Suelta una carcajada Alejandro, poniéndose en pie, para acercarse a su hijo—. ¿Tiene que ser sobre algún tema concreto?

—No. No nos han dicho nada de eso.

—Entonces, te voy a contar una historia de algo que me pasó hace ya varios años.

—¿Una aventura? —sonríe Santiago.

—Sí, algo así —contesta Alejandro, sonrisa algo tímida—. Algo que me hizo crecer como persona.

—¿Qué fue?

—Sucedió un verano. Por aquel entonces, estaba en el pueblo de mi abuela —recuerda Alejandro, mueca de felicidad.

—Y, ¿qué fue lo que pasó?

—Coge el bolígrafo y comienza a escribir.

Almedinilla, una noche lluviosa de agosto

Aguirre y Esteban deambulaban vigilantes, pero no divisaban más que las gotas de agua formando una manta ante sus ojos. Tiritaban de frío. Calles desiertas. Todo en orden. Perfecto silencio, roto por el estruendo de las aguas. De pronto, algo perturba el ambiente.

—Ha sonado a disparo —dice Aguirre.

—No lo creo —replica Esteban.

El humo se desprende del cañón de un revólver mientras un cuerpo sin vida cae al suelo. Aguirre y Esteban caminan algo apresurados. Miran a todos lados. Penumbra absoluta. Solo se ve algo de luz en un lugar especial. Ambos se miran.

—Ahí es donde la prometida del teniente guarda sus caballos —informa Aguirre

—¿Vendría de ahí el disparo?

Esteban y Aguirre se quedan mirándose, sin saber bien qué decir.

1

Como cada tarde desde que al pueblo llegó, a la misma vez que la luz del sol da sus últimos coletazos, Álex sale a pasear, manos en los bolsillos, paso calmado, cero prisas, total... nada mejor hay que hacer. Huye de esas horas donde el sol abrasa como si de una caldera se tratase, haciendo que el sudor engrasara su revuelto cabello oscuro, y es que aquel verano del 96' no fue como los demás. Lejos quedan los paseos por la costa junto a Sole, su madre, las amistades con quienes compartir esos tres intensos meses llenos de risas, anécdotas y aventuras. Por su cabeza, pasan todos esos momentos felices mientras esboza una tibia sonrisa que se dibuja con cierta ternura en sus adolescentes labios, a la vez que sus ojos se topan con esas casas algo derruidas, el silencio de un pueblo que envejece a fuego lento, unos vecinos que le saludan y bisbisean a su paso, que si este es el niño de la chica de la Luci, que si pobre de él, que su padre le abandonó y ahora era todo un hombrecito, que si ahora estaban en el pueblo cuidando de la abuela... Álex saluda con la mirada y acelera el paso cada vez que se aventura a pasar por la calle central, donde todas se agolpan, sentadas en esas hamacas, sillas de enea o, simplemente, de pie se apostan a las paredes de aquellas casas, de las cuales se desprende ese olor a humedad característico de las casas de pueblo. Y de ahí, a la era, un camino que desembocaba en el lago. Pasea por los caminos alejados del gentío en busca de algo de naturaleza, donde aprovecha para inspirar todo el aire puro que puede, algo mezclado a veces con el hedor que desprenden las heces de algunas bestias que por allí pastorean.

Y así un día y otro. Y los que le quedan. Apenas hay chicos de su edad en el pueblo. O son muy niños o quienes le sacan un par de años o tres, ya están ennoviados y prometidos, incluso casados, hasta esperando un hijo. Como es el caso de Raimundo, el Rai. A sus dieciocho años, ya casado y con dos niñas tan hermosas como solecitos. Es quien más tiempo comparte de charlas con Álex, quizás porque solo era dos años mayor que él y porque, de pequeños, recuerdan ese verano en el que fueron amigos, recorriendo la era, bañándose en el lago o apedreando la casa de la Renata, una anciana con malos humos. Aunque habla maravilla de sus niñas, de su nueva vida o de su esposa, la Clotilde, no puede ocultar esa mirada tierna que añora esos años perdidos de una juventud que se va y no regresa. Y, entre calada y calada a ese cigarro, se esfuman como el humo que del mismo sale esas historias que en su cabeza imagina y se terminan por perder. ¿Acabar así? «Ni loco», piensa Álex, mientras le observa con ternura, a la vez que anhela huir de esa cruda realidad rural de aquel pueblo llamado Almedinilla.

—¿Sabes? Lo que más echo en falta es poder hacer la vida a mi manera, como hace unos años. —Otra intensa calada mientras pierde sus ennegrecidos ojos en el verde del valle, que lejos, como su juventud, quedaba—. En fin... no queda otra que apechugar. La vida es esto.

—Pues yo creo que no debe ser así. —Álex agarra un pedrusco y lo lanza al lago—. La juventud está para disfrutarla, para vivirla. Si no, luego te arrepientes.

—Ya, claro. Eso lo dices tú que puedes permitirte vivir esa vida.

—¿Crees que vivo la vida que me gustaría? Mírame, tío. En este pueblo, asfixiado de calor —muestra su polo color rojizo embadurnado en sudor—, más aburrido que una ostra. Y todo por eso que tanto dices. Porque hay que apechugar.

—No te compares conmigo, Álex —protesta Raimundo, lanzando la colilla al suelo. Clava aquellos enormes ojos, su ceño fruncido y ese rostro ya poblado de barba oscura en su amigo, quien la mirada no quiere aguantarle—. Tú estás aquí porque tu abuela está como está. Pero vives a mesa puesta. Puedes permitirte el lujo de poder estudiar y formarte para aquello que desees en la capital, porque tu madre se parte la espalda para sacarte adelante.

—Mi madre ahora no tiene trabajo.

—Tu madre es una luchadora, tío. Una mujer que se ha arremangado para sacarte adelante ella sola. —El rostro de Álex se arruga y baja la mirada, ocultando sus suaves manos en los bolsillos de esas bermudas que viste, perdiendo la mirada en el lago, ahí, pasivo, mientras ve el agua pasar cada día, año a año. Esas palabras habían ahondado en su corazón—. Y, por eso, hoy puedes permitirte vivir una vida de un chico de tu edad. En cambio, a mí no me queda otra. Dejé muy pronto preñada a la Clotilde, ya sabes, aquí no se lleva eso de usar gomitas ni nada de eso. Y desde entonces, a currar para sacar a las nenas adelante. Me cambiaba contigo con los ojos cerrados si no fuera porque, cuando piensos en mis luceros, se me cae la baba y ya nada importa.

—¿Cómo es? —pregunta Álex, curioso.

—¿A qué te refieres? —Raimundo se coloca a su lado, tomando asiento sobre una roca, perdiendo sus ojos en el lago, mientras acaricia su ondulado cabello castaño—. ¿A ser padre?

—Sí. Imagino que es algo que te cambia la vida, ¿no?

—No te puedes hacer una idea, tío. —Raimundo saca dos fotos de una cartera algo cascada, las cuales besa. Son sus hijas, Gabriela y Vicenta—. Es como si todo tu mundo girase de manera brusca, algo que no puedes explicar con palabras. De pronto, pasas de ser un crío que jugaba con los perros de papá, que volvía tarde de las verbenas, como una cuba a ponerte el despertador de madrugada, a no poder dormir porque lloran, a bañarlas, darles de comer cuando su madre no puede. Es una responsabilidad enorme, pero es hermoso, aunque haya veces que sienta que estoy como apresado. Caminando hacia un destino que no quise elegir. —Se prende otro cigarrillo—. No tan pronto.

—Yo espero ser padre cuando pasen unos años. Cuando termine la facultad o más. No sé. —Álex se sienta al lado de su amigo—. Primero, quiero prepararme bien para el futuro.

—Es bueno que tengas la cabeza amueblada, Álex. Pero, a veces, eso no se elige. Pasa cuando menos lo esperas. Como tantas cosas en la vida.

—Yo, de momento, no tengo novia.

—Entonces, ¿tú aún... nada?

—Si te refieres a si lo he *hecho*... pues no. —Álex suelta una carcajada que descontrolada brota de sus labios, mientras Raimundo le sigue con otra acompañada del humo de su cigarro—. Ni siquiera he tenido relación con ninguna chica.

—Pues macho, ya tienes casi diecisiete tacos. Va siendo hora de estrenarse. —Palmea su espalda, con algo de fuerza.

—Bueno, no tengo demasiada prisa. Cuando llegue, llegará.

Y así pasan las últimas horas del día, matando el tiempo que lento corre, mientras a otro ritmo las aguas de aquel lago se mueven. Reflexiona Álex, caminando de vuelta a casa, sobre aquellas conversaciones con Raimundo, mientras arruga su rostro cuando se huele la ropa y esta apesta a nicotina. «Ahora mi madre es capaz de pensar que fumo y todo». La noche cae, aunque el calor no se marcha ni a garrotazos. Su casa, mejor dicho, la de su abuela, se encuentra subiendo la cuesta más pronunciada del pueblo, toda una odisea cada vez que toca regresar. Es la casa más grande de Almedinilla pero, a la vez, la más sombría. Desde hace años, Luz María vive sola, ya que sus hijos marcharon a la ciudad a hacer sus vidas. El gran salón recibe a Álex cuando cruza la puerta. Allí sí se nota el frío de la soledad que inunda los rincones de aquel espaciado lugar. Camina unos pasos hasta la cocina. Se desprende un aroma que abre el apetito a cualquiera, sobre todo a ese joven que trae bastante hambre. Desde arriba, una voz quiebra aquel silencio.

—Ve poniendo la mesa, cariño. —Sole está en la habitación de Luz María. Al oírla, Álex sube aquellas enormes escaleras hasta la habitación donde se hallan. Allí, aprecia con tristeza cómo su madre ayuda a esa señora mayor, su abuela, a colocarse un pijama para dormir. Piensa en las palabras de Rai, mientras admira con pasión lo que su madre hace. «Cuánta razón tiene, y *qué* poco se lo hago saber. Soy un jodido orgulloso». Sole vuelve la mirada hacia la puerta, donde está su hijo, petrificado.

— ¿Qué? ¿Es que no tienes hambre?

—Un poco —responde Álex, encogiéndose de hombros. Señala con la mirada a su abuela—. ¿Qué tal se encuentra hoy?

—Ha habido días peores —responde Sole, brazos en jarra. Acaricia el cabello de su hijo y le da una palmada en la espalda—. Venga, vamos. Baja y pon la mesa. Ahora te alcanzo.

Hace caso a lo que su madre le pide. Mientras, ella termina de limpiar la habitación de Luz María, su madre, a quien besa en la frente con amor y a quien desea unas buenas noches antes de marcharse a cenar, no sin antes lanzar una última mirada y contemplarla tan risueña, hasta en sueños. Sole, una mujer luchadora donde las haya, ropa sencilla, pelo corto, cuarenta y pocos, pero como si tuviera veintitantos. Aunque la alegría que desprende su mirada está últimamente algo apagada.

Sentados a la mesa, disfrutan de una deliciosa cena. Canelones de pollo. Mastican, tragan, beben, silencio, se miran, sonrisas forzadas, pero poco que decir.

—¿Te gusta la cena de hoy?

—Sí. La verdad es que, a ti, los canelones siempre te han salido buenos —responde Álex, llevándose un trozo a la boca, dedicándole una amplia sonrisa a su madre.

—Pues tenías que ver a la abuela. Se los ha comido casi de una sentada —cuenta Sole, dando un trago al vaso de agua—. Tenía hambre. Claro, este mediodía no quiso almorzar.

—Eso está bien.

—¿Qué has hecho esta tarde? —pregunta Sole, tratando de sacar tema de conversación.

—Pues lo de siempre, mamá —responde Álex, meneando la cabeza—. Pasear, caminar por la era, charlar un rato con Rai y para casa. Tampoco es que haya demasiado que hacer aquí.

—Siempre has hecho buenas migas con Rai. Aunque ya sabes que es un muchacho que nunca me ha terminado de caer del todo bien.

—Eso es porque no lo conoces bien. —Álex menea el tenedor sobre aquellos canelones gratinados—. Además, habla maravillas de ti.

—Ah, ¿sí? ¿Y qué se cuenta?

—Pues... dice que eres una gran mujer. Una mujer luchadora, como él.

—Qué gracioso este Rai. —Sole no puede contener una carcajada que sale de sus labios—. Siempre tan alocado cuando era niño. Quería ir demasiado deprisa hasta que se terminó por dar de bruces con la realidad.

—Bueno. Él es feliz a su manera. Asume el destino que le ha tocado.

—En la ciudad no hubiera sido lo mismo. Mira que condenar a dos críos tan jóvenes a vivir ya con esa responsabilidad... En fin. Esto es la vida en un pueblo.

—Pues sí, mamá. Una vida jodida. —Álex toma otro trozo de canelones—. Al menos, con Rai, paso ratos agradables. Es el único cercano a mi edad con quien puedo charlar.

—Ya. La verdad es que el pueblo está cada año peor —aporta Sole, llevándose otro trozo de comida a la boca—. ¿Te acuerdas la última vez que vinimos hace unos ocho años? Entonces tendrías tú, pues eso, ocho años. Había algo más de vida, al menos mucha más gente de tu quinta, pero ahora, ya ni siquiera se organizan las fiestas.

—Mamá, este pueblo es un asco —sentencia Álex, soltando el tenedor con violencia en la mesa—. Y siento decirlo así, pero es la verdad. Llevo aquí dos semanas y parece que llevo dos años. Si tuviera que vivir aquí, me volvería loco...

Sole mira a su hijo. Mirada triste, comprensiva. Agarra su mano, la aprieta con fuerza, a los ojos se miran.

—Hijo, sé que esto no está siendo nada fácil, ni para ti ni para mí. Tener que dejar aparcada la vida que teníamos en Madrid para venir aquí... Pero ahora es lo que toca. Y es algo que tenemos que aceptar —reflexiona Sole, a la vez que el joven baja la mirada, profundo suspiro—. La abuela nos necesita. Tenemos que estar a su lado.

—Claro, pero no eres su única hija.

—Ya hemos hablado de esto, Álex. Tus tíos están trabajando. Yo... lamentablemente me quedé en paro. Al menos, mientras algo me salga, es mi deber estar aquí. Y tú debes acompañarme, pues nos tenemos el uno al otro, ya sabes, cariño.

—Ya, y asumir lo que nos toca, aunque no lo queramos.

—Así es la vida, hijo mío. —Sole acaricia el cabello graso de su hijo, dedicándole una sonrisa con sus labios, mientras Álex frunce el ceño, perdiendo la mirada lejos de los ojos de su madre—. A veces, hay que renunciar a aquello que queremos porque debemos cumplir con nuestras obligaciones. Sé que desearías estar en la playa, como cada año, con tus amigos, pero este año tampoco podemos permitirnos eso. No en mi situación.

—En este pueblo, ¿cómo te va a salir trabajo, mamá? A este paso, nos quedaremos aquí para siempre.

—No seas negativo, Álex. Ni mucho menos egoísta. —Sole sube el tono de voz a medida que avanza en la frase, llamando la atención de su hijo—. Pronto encontraré algo. Sabes de sobra que siempre lo hago. Pero esta vez no tengo demasiada prisa. Quiero pasar al lado de mi madre el tiempo que sea necesario.

—Ahora, la egoísta eres tú. Porque no te paras a pensar en mí. Estoy a nada de terminar el instituto y pronto iré a la universidad. ¿Es que eso no te importa?

—Claro que me importa, hijo. Y no debes preocuparte por ello. —Sole agarra las manos de Álex, con fuerza—. Irás a la universidad y estudiarás lo que desees. Para ello me he desvivido todos estos años. Pero ahora toca dejar nuestros planes algo aparcados.

Álex cierra los ojos y arruga su rostro, como si fuera a romper a llorar de pronto, pero se contiene. Aprieta los labios con fuerza y toma aire, que suelta con suavidad.

—Sé que es duro, hijo. Y te prometo que trato de ponerme en tu piel —continúa Sole—, pero créeme que ahora hay cosas mucho más importantes que disfrutar del verano o pensar en la universidad. Eso ya volverá. No te preocupes.

—La abuela no se va a poner bien, ¿verdad? —pregunta Álex, rostro de preocupación.

—Por desgracia, hijo, el Alzheimer no tiene cura —responde Sole, negando con la cabeza, conteniéndose algunas lágrimas—. Pero, mientras está bien de salud y esa luz de sus ojos no dejen de iluminar las cuatro esquinas de su habitación, será un motivo de más para despertar cada mañana y cuidarla.

—Podríamos llevarla con nosotros a Madrid.

—Hijo, la abuela apenas ha salido de este pueblo... y en este pueblo quiere permanecer para siempre —replica Sole, que echa la mirada hacia la planta de arriba, donde se encuentra su habitación. Luego, la vuelve hacia Álex—. Debes entender que, en la vida, nada hay más importante que la familia. Esa es la lección que quiero que saques de todo esto, cariño.

Se terminan la cena y apenas continúan con la tertulia. Sole está rendida y decide marchar a la cama, no sin antes echarse un cigarro en el patio. Con un beso en la mejilla y las buenas noches, se despide de Álex, quien asoma al patio, se tumba en una hamaca y prendado de aquellas estrellas que dibujan el cielo se queda, refresco en mano, huyendo en busca de algo de fresco, despojándose de toda la ropa, excepto de sus calzonas. Recuerda su vida en Madrid, a sus amigos, «los muy suertudos estarán por ahí de vacaciones, pasándolo en grande, mientras yo aquí me tengo que quedar». Vuela a esos recuerdos de cada verano en la costa, junto a las amistades que allí hizo, de todos lugares de España. «Este año me estarán echando de menos», piensa, mientras sus ojos se cristalizan. Pero si echa en falta a alguien en especial es, por supuesto, a su mejor amiga, Davinia. Aquellos días siente que la necesita como nunca antes la había necesitado, ese hombro sobre el que apoyarse en las malas, ese confidente que guarda nuestros mejores secretos. Y es que, cada noche y antes de marchar a la cama, espera impaciente su llamada, desde Madrid, una cita a la que no falla nunca. El dibujo de su hermosa sonrisa le saca una mueca de felicidad que casi ilumina la oscurecida noche. Pero hoy el teléfono no suena. Y se cae de sueño, mientras la noche torna a madrugada, con la mirada fija en el auricular que no vibra como un condenado. «Algo ha debido ocurrirle, espero que no, porque si le ocurre algo, me voy a Madrid, aunque sea andando. Quizás se ha entretenido con una amiga. Quizás ha conocido a un chico... mejor no pensar en ello. Joder, Davinia, amiga mía, hoy que tantas ganas tengo de hablar contigo, de oír tu dulce voz, no estás al otro lado del teléfono, no te siento cerca, pese a que nos separan muchos kilómetros». Álex da un paseo por el salón de la casa, a oscuras, descalzo para no hacer demasiado ruido. No quiere ir a la cama. De alguna forma hay que hacer tiempo. No le importa que el reloj marque casi las dos de la madrugada. Quiere esperar la llamada, pero no llega, la condenada. No puede contener el peso de sus párpados y en aquel sofá, con aquella mugrosa funda que lo cubría, dormido se queda, con la mano sosteniendo el auricular, en guardia, para estar preparado al otro lado, no sea que no pudiera cogerlo. Espera a su amiga, la que nunca le falla, en la noche en la que más le necesita.

2

Almedinilla, agosto de 1936.

La joven Luz María, ajena a la situación tan convulsa que se vive en el país, donde hacía escasas semanas estalló un golpe militar, caminaba como cada mañana hacia las caballerizas de su familia. Solo se enteraba de lo que ocurría por lo que escuchaba en el pueblo, atemorizado y con la respiración contenida, o en su casa. Al parecer, unos militares se rebelaron contra el gobierno de la república que imperaba en España y se alzaron en armas contra la población. Aquellos que juraron proteger con su vida un país, se volvieron contra él. Algo que según se decía, comenzó en el norte de África, y de ahí, corrió como la pólvora hacia cada rincón de la geografía española. Unos a favor, otros no tanto y los que estaban en contra. No todos asumieron aquello. Comenzaba así una guerra civil. «Para guerra, mi día a día», pensó Luz María, mientras abría la puerta de aquel lugar donde reposaban sus caballos. Y es que, desde que su padre enfermó, era ella quien se encargaba de todas las labores en lo que con ese asunto tenía que ver. Limpiar un poco, darles de comer, lavarlos y tenerlos impecables, como su padre le enseñó, y es que en el pueblo se decía que los caballos del Nani, el mote con el que le conocían, iban casi de punta en blanco. ¿Y de dónde viene *Nani*? Qué más da. Su nombre era Prudencio.

Coplillas que de sus labios brotaban alegraron aquellas mugrientas paredes, incluso algunos caballos se animaron y menearon sus cabezas al ritmo de las letras que cantaba. Una toca cubría su hermoso cabello negro, se remangó el vestido y a trabajar con alegría siempre. En las calles el contraste. Se podían oír gritos, golpes, incluso algún que otro disparo. Y es que, días atrás, una columna del ejército nacional entró en el pueblo y se llevó por delante a todo hijo de vecino que decía media palabra contra ellos o era sospechoso de haber colaborado o trabajado con el anterior gobierno. Algunos detenidos, otros se decía que iban a ser fusilados. Qué crueldad. Aunque, a decir verdad, aquella mañana se percibía algo más agitada que de costumbre. Curiosa, no pudo evitar asomar la cabeza por una ventana que daba a la calle, pero nada pudo avistar. Se oía demasiado lejos. Gente jaleando a los militares, otros que suplicaban que suelten a esos chicos, ¿quiénes serían? Encogida de hombros, se volvió. Si había algo que la mantenía con una oreja pendiente de aquel bullicio, ese algo tenía nombre y apellidos. Borja Sampedro, su prometido, el joven teniente Sampedro, que dirigía aquella columna. Cada noche, cuando podían verse, comentaban cómo había transcurrido la jornada. Él siempre tan entusiasmado con recuperar España, un país que, según él, cayó en las manos equivocadas y que, o se actuaba ahora, o poco habría que salvar. Así lo llamaba él. Un movimiento de salvación nacional. Quizás por eso, a Luz María poco le importaba todo. Bastante tenía con cuidar de esos caballos.

—Este país se ha vuelto loco, Galán —le susurró a uno de sus caballos, negro, lleno de poderío, con un cabello oscuro y ondulado grueso que peinaba con cariño—. Ojalá esto se acabe pronto, porque es muy triste todo lo que está pasando ahí fuera.

Continuó peinándolo y cantándole, algo que le calmaba ante tanto olor a pólvora quemada que imperaba en las calles de aquel pueblo. Una melodía suave, alegre y tranquilizadora que contrastaba con el llanto, los gritos y el jaleo de fuera. Era como si dos realidades entrasen en conflicto, pero tan solo estaban separadas por metros de distancia.

—Tranquilo, Galán. Aquí no vendrán. Vosotros estáis a salvo —continuó Luz María, besando a ese hermoso caballo.

De repente, una figura ante sus ojos, completamente camuflado, suplicándole que no gritase. Ella poco pudo hacer. Quiso echar a correr, pero le alcanzó. La amordazó con sus manos y tiró de ella, maniatándola.

—Por favor, cálmate —pidió, entre susurros, mientras apretaba con el pecho la espalda de Luz María contra la pared. Poco a poco, la liberó. Se descubrió ante ella. Se trataba de Eusebio, el joven maestro. Con tan solo veinticuatro años, enseñaba en la escuela del pueblo, al que llegó hacía tan solo dos años. Sus verdosos ojos, cabello rubio y siempre libros en sus manos, incluso en esa mañana, donde asfixiado, trataba de recomponerse, son su seña de identidad—. No quiero hacerte daño, de verdad.

—¿Cómo ha entrado? —preguntó Luz María, aún aturdida, manos sobre su pecho, temblorosa, tratando de recuperar algo de oxígeno.

—Eso no importa ahora —respondió Eusebio, quien tiró de ella, alejándola de las ventanas y puertas—. Buscaba un sitio donde ocultarme. Esos militares me buscan para matarme.

—¿Y qué quiere que haga yo?

—Por favor, necesito que me escondas aquí. Es un buen sitio y dudo que entren a buscar —suplicó.

—No pienso hacer tal cosa. —Luz María volvió a amagar con correr hacia la puerta, pero Eusebio la detuvo, una vez más—. Suélteme, por favor.

—Escúchame, por favor. Si esa gente me atrapa, será el fin. Y yo no he hecho nada. Te lo prometo. Pero ¿qué voy a hacer yo? No soy más que un maestro de escuela —insistió Eusebio.

—Si le buscan, es porque algo habrá hecho —Luz María logró zafarse de las suaves y dulces manos del profesor—, y en mis caballerizas no hay cabida para los delincuentes.

—Pensar diferente no me convierte en delincuente —continuó Eusebio, quien clavó aquellas hermosas pupilas en ella—. Eres mi última esperanza. Por favor, ayúdame.

¡Toc! ¡Toc! La voz de un militar ordenó que se abra la puerta. Eusebio echó a correr y se escondió en una caballeriza vacía, bajo una montaña de paja, desde donde, en silencio, continuó implorando a Luz María que no le delatase. Ella decidió abrir, tras recomponerse un poco, tomar algo de aire y tratar de aparentar normalidad. Tras la puerta, Paul Rivas, uno de esos militares con mal genio. Nada más había que ver su mirada, fría, cruel, pero, por encima de todo, vacilona. Se mordió los labios y apretó los pómulos con fuerza.

—Buenos días. ¿En qué puedo ayudarle?

—Inspección rutinaria —respondió Paul, apartando a la joven de un fuerte empujón, casi dejándola caer. Autorizó a sus compañeros a entrar para mirar—. Algunos rojos indeseables se nos han escabullido y queremos peinar cada rincón de este maldito pueblo. Tú no sabrás nada, ¿verdad?

—¿Yo? —respondió Luz María, mirando de reojo aquella caballeriza semicerrada donde se escondía Eusebio. Tuvo solamente unas décimas de segundos para tomar una decisión. Tan solo una respuesta fácil que podía servir para acabar con una vida —*a priori*— inocente. No se vio capaz de delatarle. En sus ojos, de los que se ha prendado, ha podido ver el miedo a ser descubierto. Resopló y volvió la mirada hacia Paul—. Aquí nadie ha entrado. Llevo casi dos horas laborando, cuidando de mis caballos, y no he visto a nadie.

—Ya, claro. —Paul hizo una inspección ocular por cada rincón de aquellas caballerizas, sin menearse del centro—. Igualmente, vamos a echar un vistazo.

Aquellos militares no se dejaron nada atrás. Incluso abrían las caballerizas y se adentraban en ellas, con los caballos dentro, ellos a su aire, comiendo, ajenos a todo. Uno se acercó lentamente a esa caballeriza donde Eusebio contenía la respiración, apretando con fuerza los párpados. Luz María sintió cómo el corazón se le aceleraba y las piernas tiritaban. Rezó todo lo que sabía, ojos cerrados, mientras apretaba con fuerza aquella medalla de la Virgen de la Ermita (la de su pueblo).

—Eh, vosotros. —Una voz irrumpió con fuerza. Se trataba de Borja Sampedro, que caminaba hacia Luz María, tan alto y espigado, rubio, semblante serio, colocándose junto a ella, acurrucándola con sus brazos, enfundado en ese uniforme—. ¿Se puede saber qué estáis haciendo?

—Señor, solo estábamos cumpliendo con sus órdenes —respondió Paul, con ese tono algo vacilón, clavando en él esa mirada—. Nos dijo que no dejemos rincón sin inspeccionar y eso hacemos.

—Sí, Paul, pero no este lugar —replicó Borja, que ordenó gesticulando con sus manos a los demás que se retiren—. Vamos, soldados. Todos fuera de aquí.

—Mi teniente, creía que aquí no había trato de favor por nadie. Ni siquiera con su prometida.

—Soldado, cuide el tono cuando se dirija a mí —advirtió Borja, serio—. La familia de Luz María está con nosotros desde mucho antes de que esto empezara. Quizás es algo que debas saber. Ella no va a esconder aquí a nadie. Mucho menos a un enemigo de la patria.

—En ese caso, mi teniente, será mejor que nos marchemos —sentenció Paul, que luego lanzó esa mirada lasciva contra Luz María, a quien se dirige—. Nos volveremos a ver.

Y lanzándole un beso, que casi le cuesta un bofetón de su superior, se marchó junto a sus hombres.

—Perdónalos, es que... ya sabes. Están algo nerviosos —se excusó Borja, abrazando a Luz María. Se miraron y caminaron a paso lento hacia la puerta—. Hemos hecho una redada a un grupo subversivo del pueblo y un par de miembros han salido por patas cuando estábamos a nada de arrestarles. Uno de ellos es el rojazo ese del maestro, un tipo al que no soporto, el muy hijo de puta. Espero poder darle caza pronto. No ha debido marchar demasiado lejos.

—Pero ¿ha hecho algo malo? —preguntó Luz María, curiosa e inquieta a la vez, sin dejar de mirar de reojo a aquel lugar donde se ocultaba.

—¿Te parece poco estar en contra del orden que queremos imponer? —Borja acarició el rostro de la joven, algo confusa ante esa respuesta—. Gente así son las que casi echan a perder este gran país. No merecen más que la cárcel... o morir. Por oponerse a aceptar algo que es inevitable.

—No digas eso, que se te pone cara de ogro y no me gusta verte así —bromeó Luz María, soltando una sonrisa que provocó en él una carcajada.

Se despidieron con un beso en los labios y la promesa de verse a la caída del sol, como casi siempre. Luz María volvió tras sus pasos. Se detuvo en aquella caballeriza. Eusebio se puso en pie. Se miraron. Ese tono cruel en las palabras de Borja, aquellas miradas de odio en esos militares, joder, son hermanos de un mismo país. ¿Qué había pasado para llegar a algo así? Nadie merece morir por pensar diferente. Se sintió implicada. No pudo dejarle a su suerte. Bajó la mirada, reflexión corta pero intensa. La sinceridad en sus ojos es determinante.

—Puede quedarse, pero por favor, no se mueva de aquí. No salga, no se asome, respire en silencio, ni siquiera quiero que se acerque a los caballos, pues pueden asustarse —concluyó Luz María, tono firme—. Es lo único que le pido.

—Descuida. Seré un fantasma —prometió Eusebio, respirando algo aliviado—. Por cierto, ¿no me delatarás? Ese teniente dice que tu familia está con ellos.

—Ese teniente es mi prometido. Y si quisiera haberle delatado, lo tenía fácil para hacerlo. —Eusebio bajó la mirada, buscando en su rasgada camisa de cuadros algunos rasguños que se hizo en la huida. Algo de sangre asoma. Poco importa—. Mire, maestro, no sé por qué está ocurriendo todo esto. Desconozco qué nos ha podido llevar a esta barbarie. Pero sé que usted es inocente. Y que no merece morir. Así que hará lo que le diga. Al menos, hasta que las aguas se calmen.

Eusebio asintió, esbozando una tímida sonrisa. Luz María no pudo evitar perderse en aquellos ojos que la hicieron vibrar sin ella esperarlo, que le hicieron sentir como si el suelo se moviera. Algo que no explicaba. Algo a lo que no quiso buscar explicación.

3

El sonido del teléfono hace retumbar todo el salón. Como un auténtico resorte da un brinco Álex y casi se come el auricular. Resopla aliviado, a la vez que bosteza, mientras frota sus ojos. Al otro lado, la llamada que tanto espera.

—Pensaba que te habías olvidado de mí. —Voz adormilada la de Álex.

—Te he llamado cuando se han dormido mis padres —se excusa Davinia, hablando casi entre susurros, con uno de sus ojos apuntando a la puerta de su habitación. Ella, misma edad que Álex, juntos iban al instituto, amigos desde niños. Cabello moreno, unos centímetros más pequeña que su amigo, pero muy guapa, tez agitanada, ojos castaños. Sentada está, en su cama, con el ventilador refrescándole la espalda, acalorada noche en la capital—. No quieren que llame tan tarde. Que la gente necesita descansar y esas chorradas.

—Bobadas, Davi. —Álex se recuesta en aquel sofá, acomodándose—. Hablamos todas las noches y nunca te habían dicho nada antes.

—Ya lo sé. Todo esto viene por lo que viene. Están así conmigo por mis malas notas. Ni siquiera han querido pararse a escuchar mi versión.

—Ya sabes cómo son, Davi. Les encanta hacernos la vida imposible.

—No ha sido un año fácil para mí y tú mejor que nadie lo sabes. Lo pasé muy mal con la enfermedad de mi prima Sonia. Y luego vino lo peor...

—Claro que lo sé, amiga. —Álex oye a través de aquel auricular cómo Davinia solloza—. Vamos, pero tú no tienes que pasarlo mal por ello. Tienes motivos, no has podido dar el cien por cien y ahora tendrás que darle duro para recuperar. Con eso les debe alcanzar para entender que ya bastante penitencia te toca pasar. Aunque para ellos no sea suficiente. No te vengas abajo, amiga.

—Eso intento, Álex, pero cada día aquí es una cruel tortura. ¿Y sabes qué es lo peor? Que ahora me amenazan con mandarme a Londres a estudiar. Que quieren alejarme de este ambiente, que dicen que es el que tiene la culpa de que no me vaya bien. Malditos sean.

—Bah, pero eso lo dirán para asustarte. No hagas caso.

—No, Álex. Esta vez parece que va en serio. —El joven da otro brinco del sofá. El rostro se torna agrio al oír aquello, a la vez que siente cómo su auricular vibra—. Hasta han comprado el billete para septiembre.

—Espero que no cometan ese error.

—Si lo hacen, te prometo que pienso escaparme, irme donde no puedan encontrarme.

—Pues yo me marcho contigo donde sea. —Ambos sueltan un par de carcajadas. Davinia se evade de todo mientras siente a su amigo al otro lado del teléfono—. Daría tanto por estar ahora allí... Por cierto, ¿alguna novedad?

Le pone al día de todo lo que sucedía en su ausencia: las movidas de su grupo de amigos, las parejas que nacen o se rompen, las broncas, curiosidades y demás anécdotas que alegran de alguna manera el día al joven, lo hacen alejarse de su día a día y sentirse, de alguna manera, cerca de ellos. Pueden tirarse horas charlando, ¿qué importa? Es verano. Y es que su voz es tan agradable, tan dulce, capaz de relajarle, de hacerle sentir bien, en paz, tras jornadas donde se siente al borde del colapso.

—Oye, y tu abuela ¿qué tal? —pregunta Davinia.

—Bueno, ahí sigue, ya sabes. Según mi madre, hoy ha estado mejor que otros días.

—Me alegro por ella, de verdad. —Davinia juguetea con el cable del teléfono—. Una enfermedad como el Alzheimer... es algo muy cruel, muy duro para ellos.

—Imagínate, de repente, olvidarte de todas aquellas personas quienes te importan, a quienes quieres —cuenta Álex, profundo suspiro, piensa en su amiga, en olvidarla, fugazmente, qué horror—. Mirarlos a la cara y no reconocerles. Simples desconocidos. Explicarlo es tan cruel... como vivirlo de cerca.

—Es algo muy jodido, Álex —continúa Davinia, que baja la mirada, profundo suspiro—. Como ya te he dicho otras veces, ahora es cuando tenéis que darle todo el amor que podáis, que se sienta querida. Seguro que esos momentos no los olvida, aunque le cueste recordar vuestras caras.

—No es fácil, la verdad. Hay noches que paso ante ella y me mira, con esa mirada, como si fuese un fantasma. Qué duro es que la vida te castigue así, sintiéndote sola, rodeada de extraños que son tu familia, extrañando a todos los que te rodean. Nadie merece algo así.

—Bueno, ahora lo importante es lo que te he dicho antes, ¿vale? —insiste Davinia, sonrisa algo tímida—. Y, sobre todo, mucho ánimo. También para tu madre. Ella, como hija, también lo debe estar pasando mal.

—Hace lo que puede. Pero yo la noto triste la mayoría de los días. A solas, a veces, la oigo llorar. Dice que sale a tomar el aire o a fumar y lo que hace es salir a soltar todo lo que lleva dentro —explica Álex, entre silencios, voz algo entrecortada—. Creo que no lo lleva nada bien.

—¿Y tú? —pregunta Davinia—. ¿Cómo estás tú?

—Pues yo... ya sabes, Davi. Asfixiado en este pueblo donde me siento tan solo, agobiado y hace un calor que ni en Madrid —responde Álex, cerrando los ojos, volviendo a recostarse sobre el sofá—. No sé cuánto durará esto, pero cada día que pasa parece que llevo un mes. Entre eso y ver a mi abuela así... buff... este verano va camino de ser el más duro de mi vida.

—Conociéndote como te conozco, seguro que debes estar muy agobiado —Davinia también se tumba, colocando su alargado cabello sobre la almohada—, pero ya verás que pronto estás de vuelta.

—No sé qué decirte. Cuando hablo con mi madre, siento que, por mucho que me quiera hacer creer que volveremos a nuestra vida de antes, solo lo hace por tranquilizarme. —Álex resopla, aprieta su puño libre para contener las ganas de soltar alguna lágrima. No quiere que su amiga le sienta débil—. Y eso a mí... Davi... me hace pensar que ya nada volverá a ser como antes y que... me va a tocar quedarme un tiempo aquí, pudriéndome y viendo pasar mis mejores años.

—No seas tan negativo, Álex. Ahora tienes que estar junto a tu abuela. Ya te lo he dicho antes.

—No hables como mi madre, Davi —protesta Álex—. Claro que quiero estar junto a mi abuela pero, por desgracia, ella no se va a poner bien. Al menos, si mi madre entrase en razón y la llevásemos a Madrid, podría haber algo, no sé, que la ayudase y yo podría seguir adelante con mi vida y ella con la suya. Pero se ve que solo mira por ella. No me tiene en cuenta para nada.

—No seas tan duro con ella. Ya quisiera tener una madre como la tuya, Álex.

—Eso lo dices porque no la conoces como yo.

—La conozco, y sé que es una gran mujer que siempre ha dado lo mejor de sí para sacarte adelante —Álex ladea la cabeza.

«Joder, parece que Davinia y Rai se han confabulado»—. Nos conocemos desde que éramos niños, Álex. Y a mí siempre me ha tratado como una hija. Siempre tan hospitalaria. Nada que ver con mis padres. Tan estirados ellos. Se creen que por tener una buena posición y dinero pueden mirar a todos por encima del hombro.

—Al menos, ellos podrán pagarte una universidad. Yo... a ver si puedo pisar una. Con mi madre en el paro...

—Pues a estudiar y a trabajar se ha dicho, Álex. Es algo que hace mucha gente y que pienso hacer yo también. No pienso estar dependiendo de mis padres toda la vida.

—¿Trabajar y estudiar? Y ¿cuándo salgo a divertirme?

—Cuando toque, pero no vas a renunciar a hacer lo que sueñas, ¿me entiendes? Porque vales mucho, amigo. —Aquella arenga cargada de energía positiva despierta en Álex una mueca de felicidad que dibuja una preciosa sonrisa en sus labios—. Ya verás que de esta sales más fuerte. Además, si lo has aprobado todo, jodido suertudo.

—Algo positivo tenía que tener este verano. Al menos, pasé limpio y puedo estar sin abrir un libro hasta septiembre —dice Álex, entre risas.

—Yo no he parado desde que nos dieron las notas —resopla Davinia—. Todo sea por demostrarles a mis padres que esto ha sido un accidente y hacerles entrar en razón para que no me manden a Londres como repiten. Aunque, de momento, me quedo sin mis quince días en la costa este verano. Así que los bikinis que iba a estrenar, para otra vez serán.

—Me consuela saber que no seré el único que se va a quedar sin veranito en la playa —vacila Álex, soltando una carcajada, a la vez que cierra los ojos y se imagina junto a su amiga, en la playa, chapoteando entre las olas, riendo, jugueteando y disfrutando de un día precioso.

Continúan dialogando unos minutos más, hasta que Davinia oye cómo la puerta de la habitación de sus padres se abre. Ahí se despiden. Álex no quiere colgar ese teléfono. Es el momento de volver a la cruda realidad, aunque algo más desahogado, después de haber compartido aquella carga con la única que realmente le entiende. El silencio le envuelve. Solo el cántico de los grillos lo rompe. Es hora de marchar a dormir. Poner fin a otro día más, a ver si pasan volando.

Es entonces cuando, alertado por esos gritos y gemidos que provienen de la habitación de su abuela, echa a correr, asustado. Duerme, pero no deja de menear la cabeza. Dice algo, parece estar sumergida en una pesadilla. «Le he matado, Eusebio». «Tenemos que hacer algo». «Tienes que huir, lejos. Si te descubren, te matarán». Álex mira a su abuela, extrañado, tratando de encontrar el significado a esas extrañas frases. De pronto, despierta. De par en par aquellos ojos que se clavan en el rostro de circunstancia de su joven nieto.

—Vamos, abuela, solo es una pesadilla. Vuelve a dormir —susurra Álex.

—Eusebio, ¿eres tú? —pregunta Luz María, mueca de felicidad—. Tienes que marcharte. O ellos vendrán por ti. Te matarán.

—Abuela, soy yo, Álex, tu nieto. —Se acerca a ella, arropándola con una fina sábana—. Vamos. Tienes que descansar.

—Tienes que irte, Eusebio —continúa Luz María, acariciando ahora el rostro de su nieto, quien no puede evitar soltar una sonrisa al notar de nuevo aquellas manos tiernas, arrugadas, llenas de amor, recorriendo su rostro—. Lo que hemos hecho ha sido muy cruel. Será nuestro secreto. Márchate. Nunca te olvidaré. Siempre te voy a querer.

Tras estas quebradas palabras que brotaron de labios de Luz María, sus ojos se cerraron y volvió a dormirse, como siempre, con esa sonrisa de oreja a oreja. Álex la mira, agarrándole aún la mano que paseó por su rostro.

Camina hacia la habitación de Sole. Apenas se ha inmutado. Pensará que se trata de una pesadilla más, como todas las noches. Álex pasa junto a la cama donde su madre duerme. Junto a la mesita de noche, un bote de tranquilizantes, de los que comenzó a tomar meses atrás, justo desde el momento en que se quedó en paro. Era la única manera de conciliar el sueño. Allí, como un angelito, descansa a pierna suelta, evadida de la realidad que la rodea. ¿Quién sería ese tal Eusebio? Y lo más importante, ¿qué sería aquello que habrían hecho él y su abuela?

Aquellas preguntas le invaden durante la noche, donde apenas puede conciliar el sueño, en aquella habitación con olor a cerrado, donde apenas corre el aire. De uno de sus tíos era, pero no la pisaba desde Dios sabe cuándo. Manos sobre la cabeza, ojos abiertos como platos, mirada perdida en el techo, en esa roncha de humedad que asoma en una de las esquinas. Aquellos lamentos de su abuela navegan ante sus ojos. Hacía tiempo que no la oía conjugar más de dos palabras seguidas. Incluso llegó a pensar que había perdido el habla, pese a que el Alzheimer que padecía no estaba aún en una fase tan avanzada. En sus ojos, pudo ver una luz que nunca antes vio. No era una pesadilla, mucho menos una alucinación. Parecía tan real aquello que de sus labios salía, aquello que perturbó su sueño, que despertó en el joven Álex una curiosidad de conocer mucho más a fondo aquello que se ocultaba en el corazón de su abuela. Acodado sobre la ventana que asoma a las calles de aquel solitario pueblo, donde las gallinas comienzan a anunciar un nuevo amanecer pese a que el sol aún no ha asomado, Álex se postra, pensativo. Y en su cabeza, ese nombre. Eusebio.

4

Los días pasaron, la guerra proseguía y Eusebio permanecía aún oculto en aquellas caballerizas. Cada vez que Luz María acudía a trabajar, aprovechaba para llevarle algo de comida, la prensa del día y las últimas novedades del pueblo. Hizo por enterarse de lo que por las calles pululaba mientras se acercaba al mercado a comprar, oyendo las conversaciones de las vecinas, acongojadas, bisbiseando con miedo a ser vistas u oídas por alguien, o que callaban al verla llegar. Todas sabían su compromiso con el teniente Borja Sampedro, quien ahora prácticamente tomaba las decisiones importantes en el pueblo. También su prometido era una fuente de información válida. Cuanta más información lograba recopilar, palpar en el grisáceo pueblo de Almedinilla, en esos vecinos que perdieron la alegría que les caracterizaba a la misma vez que asumían que nunca más volverían a ver a sus padres, hermanos o hijos, impotentes, sin poder hacer demasiado, más que resignarse y esperar, Luz María empezaba a comprender la envergadura de lo que estaba ocurriendo. Se sentía a caballo entre dos mundos, entre dos realidades muy distintas, que luchaban entre sí. Aquella mañana, no traía muy buenas noticias. Se acercó a Eusebio, quien acariciaba a Galán mientras le recitaba un poema. Al parecer, habían hecho buenas migas. Podía ver en los ojos de aquella joven ese tono sombrío que anunciaba algo oscuro.

—Hoy han entrado en casa de Pablo Martín, el director de la escuela. Al parecer, después de ponerlo todo patas arriba, lo han arrestado y se lo han llevado al cuartel —contó.

—Joder —se lamentó Eusebio, lanzando con rabia el libro que leía contra el suelo. Comenzó a caminar de un lado a otro, inquieto, la sangre le hervía, pero poco podía hacer. Qué sensación de impotencia. Terminó por sentarse en el suelo, encogido de piernas, casi tiritando—. Pero si Pablo nunca se ha metido en nada. Es una excelente persona.

—Yo le cuento lo que me entero —espetó Luz María, que se sentó frente a él, en el suelo—. Borja dice que no van a quedar en el pueblo más que aquellos que acepten el nuevo orden. Yo, cuando lo oigo hablar así, a veces, siento miedo.

—Es para sentirlo —asintió Eusebio, clavando sus pupilas en las de Luz María—. Esto no se trata de una guerra. No. Esto es una persecución contra aquellos que queremos lo mejor para los ciudadanos de este país.

—En mi casa, no hablamos demasiado de ello. Pero mi padre es de los que piensa que esto era algo que tenía que pasar. Yo no entiendo demasiado. Bastante tengo con llevar esto para adelante, pero... desde que toda esta locura empezó, este pueblo se ha vuelto un polvorín.

—Ese es el problema, Luz María. —Eusebio mascaba con energía un trozo de pan que le trajo la chica—. Que, en este país, todos nos miramos el ombligo y lo demás, poco nos importa. Por ello, nos vemos abocados a décadas de oscuridad si no despertamos y respondemos a los golpes.

—La gente está asustada, triste, desolada. Han perdido las ganas de vivir.

—Es algo normal cuando entran en tu casa y arrasan con todo, invadiendo tu libertad, atentando contra la vida de aquello que aprecias. Las cosas en este país nunca volverán a ser iguales.

—¿Usted cree, como dice mi padre o como dice Borja, que esto es algo que tenía que pasar? —preguntó Luz María, cuyo rostro se entristeció—. Porque yo pienso que una guerra no es algo positivo para nadie. Está muriendo mucha gente.

—Luz María, yo no voy a negar que las cosas, en estos pocos años de esta joven república, no se han hecho del todo bien, pero joder, el país estaba avanzando en igualdad y libertad como hacía años que no lo hacía. Apostábamos por la educación, por ayudar a las minorías desfavorecidas. Queríamos un país más justo, solo eso. Y ser libres, porque nada existe en el mundo más importante que la libertad —respondió Eusebio, que bajó la mirada—. La solución nunca debe pasar por matarnos entre hermanos. Una guerra civil... es algo que, termine como termine, hará un profundo daño a esta sociedad que se prolongará durante años. Y todo por nuestra incompetencia para dialogar, para tender puentes. Así las cosas, gana quien tiene la fuerza.

—Hay algo que llevo días queriendo preguntarle.

—Puedes preguntarme lo que quieras, pero por favor, tutéame. —Eusebio le lanzó un guiño con su hermosa mirada y una sonrisa que provocó una carcajada en Luz María—. Apenas soy pocos años mayor que tú.

—Claro que sí. —Luz María se mordió el labio inferior—. Lo que quiero preguntarte es ¿por qué te persiguen? ¿Qué mal puede hacer un maestro de escuela para que quieran matarlo?

—Pues mi único pecado ha sido querer enseñar a mis alumnos a pensar por ellos mismos, a razonar, a buscar el porqué de aquellas cosas que no lo tienen en una sociedad en la que todo debe seguir un mismo camino, del que no debemos desviarnos.

—Y ¿qué cosas enseñabas a esos alumnos?

—Por ejemplo, una vez los llevé a la era a dar clase, en contacto con la naturaleza. Allí les hablé un poco sobre la creación de la tierra, sobre el origen de la humanidad y nuestra evolución.

—Eusebio meneó los ojos, recordando aquel momento. No pudo evitar dibujar una sonrisa en sus labios—. Los chicos me escuchaban con tanto entusiasmo, casi sin parpadear. Algunos incluso boquiabiertos. De pronto, un vecino que pasaba puso la oreja y me interrumpió, diciéndome que estaba equivocado. Que cómo íbamos a venir del mono cuando Dios nos creó a su imagen y semejanza. Me la juró aquella mañana y, desde entonces, me esperaba a la salida del colegio para decirme que sería el primero en caer cuando se abriera la veda.

—¿Abrirse la veda?

—Se refería a esta guerra. Cuando comenzase. Era algo que llevaban tiempo planeando. Algo así... no surge por el movimiento de cuatro militares enfadados.

—Es que... ¿a quién se le ocurre decir algo así?

—¿Te refieres a lo de la evolución del humano? Es una teoría científica tan válida como cualquier otra. Tan válida como una creencia. Y yo, como maestro que soy, me veo en la obligación de que mis alumnos la conozcan —sentenció Eusebio, tono firme—. A diferencia de gentes como ese vecino, yo respeto a quien piensa como él. Y no tengo problema en sentarme a debatir con la palabra, no con las armas.

—Entonces, ¿te quieren matar por decir que el hombre viene del mono?

—Es mucho más que eso, Luz María. —Eusebio negó con la cabeza—. Me buscan por enseñar a mis alumnos a ser hombres libres. Por eso y por luchar por la libertad, a mi manera.

—¿Luchar por la libertad de quién?

—De todos, Luz María. De los vecinos de este pueblo y de los ciudadanos de este país.

—¿Eso es lo que hacíais en esa asociación? —Eusebio miró, ceño fruncido, a la joven, que le sostuvo la mirada—. Según Borja, ese grupo solo provocaba caos en las calles del pueblo.

—Solo informábamos a los trabajadores de sus derechos, apoyábamos a las clases obreras, campesinas y humildes para que pudieran tener un futuro digno. Nos reuníamos para debatir. No hacíamos nada malo, salvo para los intereses de los cuatro caciques de este pueblo, a quienes molestábamos.

—Cuando camino por las calles, cuando voy al mercado, la gente apenas me saluda. Me apartan la mirada e incluso me han retirado el saludo. Huyen de mí, como si me tuvieran miedo —comentó Luz María, algo entristecida—. Quienes me saludan, lo hacen con miedo.

—No te temen a ti, Luz María. Temen a Borja. Siento ser tan duro, pero él junto a sus hombres solo han traído la muerte y la desgracia a este pueblo. Ellos son los subversivos y no nosotros.

Luz María se levantó dando un fuerte brinco. Se encogió de brazos y caminó algo desorientada por sus propias caballerizas, admirando a sus caballos, acariciándoles. De esa manera, se evadía de todo. Eusebio se acercó a ella, a paso lento. Sabía que había hablado demasiado, pero él era así.

—Perdón. Quizás... no he medido mis palabras. A fin de cuentas, es... tu prometido.

—Desde que toda esta locura comenzó me siento como en tierra de nadie, Eusebio. Forzada a elegir el lado donde quiero estar. Pero hay gente a la que aprecio que está a uno y otro lado.

—Por desgracia, las guerras son así. —Eusebio colocó los brazos en jarra—. Al menos, cuando la palabra impera, cuando dos personas se sientan frente a frente y dialogan, son capaces de encontrar acuerdos incluso en aquellas cosas donde imposible es hacerlo por su manera de pensar. Por ello, yo siempre he sido un firme defensor de la palabra. Por eso, me hice profesor. Para mostrar a mis alumnos el poder de la palabra en un mundo donde imperan las armas, la fuerza y el poder.

—Cómo se nota que amas lo que haces. Ojalá poder saber tanto para hablar tan bien como tú —dijo Luz María, que agarró el libro que tiró Eusebio y lo miró por encima. No sabía leer, así que ni lo abrió—. Toma. Cuídalo y no lo tires de esa manera. Ojalá supiera leer para poder ver de qué trata. Se ve interesante.

—Es de un poeta poco conocido, pero cuyas letras son preciosas. Se llama Miguel Hernández —comentó Eusebio, abriéndolo—. ¿Quiéres que te lea uno?

—Está bien.

—*¿No cesará este rayo que me habita el corazón de exasperadas fieras y de fraguas coléricas y herreras donde el metal más fresco se marchita? ¿No cesará esta terca estalactita de cultivar sus duras cabelleras como espadas y rígidas hogueras hacia mi corazón que muge y grita? Este rayo ni cesa ni se agota: de mí mismo tomó su procedencia y ejercita en mí mismo sus furores. Esta obstinada piedra de mí brota y sobre mí dirige la insistencia de sus lluviosos rayos destructores* —recitó Eusebio, volviendo sus verdosos ojos hacia una boquiabierta Luz María—. Precioso, ¿verdad?

—Es... muy bonito —Luz María se esforzó por entender ese poema, incluso achinando la mirada.

—Pues contra gente como él, son los que luchan aquellos que, como bien dicen, quieren devolver la gloria y el orden a este país —repitió Eusebio, rostro contrariado—. Son gente como Miguel el enemigo de esa España rancia que quiere frenarnos en nuestros anhelos por lograr una sociedad justa, equitativa y rica en lo cultural. Gente como Lorca, perseguido, sin que se sepa de él. Pero no lo lograrán.

—Ese que ha escrito ese poema, ¿es rojo? —preguntó Luz María.

—Es solo uno entre tantos y tantos que, con su pluma, han encumbrado a este país a lo más alto... y los tildan como rojos o traidores. Hay que ser muy malnacido —contestó Eusebio, negando con la cabeza.

Luz María caminó unos pasos, pensativa. Aquellos versos le sonaron a música, y no es que fuera la primera vez que oía un poema, pero saliendo de los labios de Eusebio, con ese tono, despertó en ella ese gusanillo que muerto creía. Entendió, pues, que necesitaba saber, conocer lo que estaba ocurriendo y por qué, pero necesitaba valerse por sí misma, lejos de los puntos de vista de uno y otro. Dejar de sentirse incómoda entre dos mundos enfrentados. Pero, por otro lado, se moría de ganas por leer otro poema de ese poeta que había descubierto. Se volvió a Eusebio, que la esperaba, con una sonrisa algo tímida.

—Oye, ¿me enseñarías? —preguntó, algo cohibida, mordiéndose el labio inferior.

—¿Enseñarte? ¿A qué?

—Pues a leer, a escribir —respondió Luz María, acercándose de nuevo a Eusebio—. Nunca tuve esa oportunidad, ¿sabes? Desde niña, no he hecho otra cosa más que trabajar. Pero siempre he querido saber. Poder aprender cosas.

—Hay un dicho muy antiguo que dice algo así como: «Cuando el alumno está preparado, aparece el maestro». —Eusebio se acercó a ella, esbozando una sonrisa. Sus miradas conectadas. Luz María sintió como si la tierra se moviera bajo sus pies—. Claro que te enseñaré. Y mucho más que eso. Serás libre. Ya verás qué sensación tan hermosa.

—Te lo agradezco.

—No me tienes que agradecer nada. Te lo debo. Gracias a ti, aún sigo vivo. —Eusebio acarició el brazo de la joven, que sintió como si un escalofrío recorriese su cuerpo, como si de una corriente eléctrica se tratase—. Eres mi ángel de la guarda.

Ambos se miraron, durante unos segundos, en silencio. Él no pudo evitar prendarse de aquel rostro tan hermoso y joven y la deseó, pero se obligó a contenerse. Se guardó aquello que su corazón comenzó a sentir poco a poco. Luz María se volvió. Era el momento de regresar, no sin antes lanzar una última mirada a su protegido. Cerró con fuerza la puerta. Allí quedó Eusebio, acariciando el lomo de Galán.

—Bueno, amigo. Otra vez nos ha dejado solo. No sabes las ganas que tengo de que vuelva, solo para admirarla. Es preciosa, ¿verdad? Tanto como una amapola en primavera, como una noche estrellada en verano. —Acarició su cabellera—. Dime, ¿cómo hacer para enamorarla?

5

Sole se prepara para marchar a la ciudad a hacer unos recados. Álex recién se levanta. Se despereza mientras baja las escaleras, ante la furtiva mirada de su madre. Son más de las cuatro de la tarde.

—Se te han pegado las sábanas hoy. Es lo que tiene tirarte al teléfono hasta las tantas.

—Vamos, mamá. Estoy de vacaciones.

—¿Es que no recuerdas que hoy marcho a la ciudad y que debes quedarte cuidando de la abuela? Te he llamado hasta dos veces y ni te has inmutado. Ni para almorzar te has levantado.

—Tampoco creas que tengo demasiada hambre. —Álex camina hacia el frigorífico de la cocina, algo cascado, para tomar un buen trago de agua. Se ha levantado empapado en sudor—. ¿De veras vas a salir ahora, mamá? ¿Con este calor?

—No me queda otra, hijo. —Mira el reloj Sole, algo apurada—. El único autobús que va a la ciudad sale en pocos minutos.

Álex vuelve al salón y toma asiento en aquel sofá que ya casi tiene la forma de su espigado cuerpo. Se recuesta en él, soltando un profundo suspiro. Parece que no ha descansado lo suficiente. Mira a su madre. Aquello que no le dejó dormir en toda la noche aún planea ante sus ojos.

—Oye, mamá —llama la atención de Sole, que se cerciora una y otra vez de llevarlo todo en aquel bolso que prepara—, ¿quién es Eusebio?

Al oír aquello, Sole se detiene en seco. Incluso el bolso se le escurre de las manos y cae al suelo, haciendo que todo se desperdigue. Se lamenta a la vez que protesta, mientras que repite entre susurros una y otra vez algo que confunde a Álex: «Otra vez la misma historia».

—Mamá, ¿me has oído? —insiste Álex. Observa a su madre, extrañado.

—Sí, hijo, perdóname. —Sole vuelve a colocar el bolso sobre la mesa, tratando de calmar su respiración—. Maldito bolso...

—Anoche, cuando marché a dormir, tarde, escuché a la abuela hablar en sueños. Yo me asusté, pensaba que le ocurría algo y fui a su habitación. Entonces, despertó y comenzó a llamarme Eusebio. —Álex recuerda los momentos de aquella noche, la mirada de su abuela, mientras Sole cierra los ojos—. Luego, dijo una serie de cosas que tenían poco sentido. Parecía un mal sueño, pero en su manera de hablar había algo que lo hacía tan real... Llevaba tiempo sin ver a la abuela conjugar varias palabras a la vez como lo hizo ayer. Era como... si un recuerdo hubiera vuelto a ella.

—Hijo, la enfermedad que tu abuela padece puede provocarle alucinaciones. No debes hacer demasiado caso.

—No creo que aquello fuese una alucinación.

—Bueno, he de marcharme. O perderé el bus. Trataré de no demorarme demasiado. Ya sabes, hijo. Mucho ojo con la abuela. Ella ahora duerme. Solo tienes que estar pendiente por si... ya sabes, te pide agua, o si quiere hacer sus necesidades. ¿Puedo confiar en ti?

—Claro, mamá. Como siempre —responde Álex, mirando con el ceño fruncido a su madre. La nota algo inquieta desde que le contó aquel sueño de su abuela—. No te fallaré. Somos un equipo, ¿no es así?

—Eso me tranquiliza —dice Sole, acariciando el rostro de su hijo—. Ah, si se pone pesada, tú solo tienes que convencerla con palabras bonitas para que vuelva a la cama. Pero dudo que eso ocurra. Ahora mismo le he dado un tranquilizante que la dejará al menos un par de horitas dormidita.

—Ya te he dicho que no debes preocuparte, mamá —insiste Álex, que casi empuja a Sole hacia la puerta—. Llevo días viéndote cómo lo haces, incluso te ayudo cuando lo necesitas. Sabré estar a la altura.

—Gracias, mi vida —agradece Sole, plantándole un beso en la mejilla a su hijo.

Marcha a toda prisa. Como cada tarde, el único bus que va a la ciudad parte desde la plaza en un viaje cuya duración se alarga hasta casi una hora. Y eso cuando el tiempo acompaña. En días de lluvia, puede llegar a durar unas dos horas, ya que las carreteras que tiene que tomar para salir del pueblo son serpenteantes, con alguna que otra zona bastante descuidada, curvas peligrosas y rampas que hacen que sea mejor mantener la mano pegada al freno. Es lo que tiene vivir en un pueblo tan alejado. Al igual que Sole, otros vecinos, no demasiados, esperan. También hay gente de pueblos colindantes. Álex la ve marchar desde la distancia. Suspiro leve. Vuelve a entrar. Silencio, solos él y su abuela Luz María, en aquella enorme casa. Bajo el quicio de la puerta de su habitación, la contempla. Allí duerme como un lirón. Pasan los minutos, como horas. Por más que trata de buscar una explicación, no la halla. Por qué a ella. Por qué ese mal tan cruel. Camina a paso lento por su habitación, admira algunas fotos, la de su boda, donde ella se puede ver preciosa, aunque no demasiado feliz, junto a su marido, su abuelo, el general Sampedro, de nombre Borja. Otras fotos como familia feliz, junto a sus hijos. Todas ellas, en blanco y negro, algo desgastadas. Sobre una mesilla, algunas joyas que guarda con mimo, con aprecio. Toda su vida está entre esas cuatro paredes que ahora se han vuelto una cárcel para ella. Murmura en sueños, se vuelve. Otra vez ese nombre, Eusebio. Una y otra vez, sale a relucir. Vuelve a dormir. Sueño profundo.

Aliviado, Álex sale de esa habitación. De nuevo, otra mirada al reloj. Aún es pronto. Apenas hace media hora que su madre marchó. Toma asiento en el sofá, prende la televisión, nada interesante. Resoplo. Mira al teléfono. Lo agarra. Marca el teléfono de su amiga Davinia, pero contesta al otro lado su madre. No puede ponerse, está estudiando. Álex se frustra, a la misma vez que compadece a su amiga. Se tumba en el sofá, agarra su discman y se pone la música a toda pastilla. Mirada al techo, algunos corros oscuros de humedad, alguna que otra telaraña. Se queda anonadado mirándolas, con una tímida sonrisa. Un ventilador refresca su joven cuerpo. Eusebio. Un nombre que no deja de recorrer por su cabeza. ¿Por qué su abuela no dejaba de nombrarlo? ¿Por qué su madre se puso nerviosa al oírlo? Decide rebuscar en el altillo algo que le condujese a ese misterio. Allí, Sole guarda todas las cosas que tienen poco uso en la casa, así como antiguallas que tienen mucho valor sentimental en la familia. En una sola caja, apartada de todo y con honores, todos los uniformes del abuelo Borja, así como sus condecoraciones, fotos con miembros importantes del ejército, incluso una con el mismísimo Francisco Franco, en blanco y negro, algo arrugada. Esa caja está prohibida tocarla. Solo los descendientes varones pueden acercarse, por petición expresa del mismo Borja en sus últimas voluntades. En otra zona, un estante donde hay álbumes de fotos que Álex comienza a mirar. Allí continúa la vida de su familia, momentos como los bautizos o comuniones de los hijos que Luz María y Borja tuvieron. Álex los estudia sonriente, sobre todo, las fotos de su madre bebé. De pronto, algo avista, arquea sus cejas. Una caja algo misteriosa bien oculta. En ella, se puede leer un nombre: Eusebio. Álex se lanza a por ella, con una sonriente mueca en sus labios. ¡Plof! Estruendo que le hace volverse hacia la puerta de aquel altillo. ¿Qué ha ocurrido? Asustado, Álex echa a correr, pensando en su abuela. Se le pasan cientos de cosas por la cabeza en ese corto trayecto hasta su habitación. Sorpresa la suya cuando aprecia que está vacía, con la cama desecha y la puerta del armario abierta. No puede ser. ¿Cómo es posible? Se lleva las manos a la cabeza, mientras siente cómo su corazón se desboca. Mira en todas las habitaciones, incluida la suya, pero no está. Baja las escaleras, casi de dos en dos, mientras siente un extraño hormigueo en las piernas. En aquel salón tampoco está. Mirada de urgencia hacia la puerta que da a la calle, a través de aquel arco. Entreabierta se encuentra. Corre hacia ella, al grito de «¡Abuela, abuela!». Las desiertas calles del pueblo a esa hora se hacen eco, algunos vecinos asoman, pero ninguno parecía haberla visto. Durante minutos, incluso horas, la busca sin cesar, cada vez más nervioso, casi llorando de impotencia. No puede evitar sentirse culpable. Tiene miedo de que algo malo le haya ocurrido. ¿Cómo pudo haberse marchado? Muchos vecinos ayudan al joven a buscarla, pero nada se aprecia en las escasas calles por las que camina.

—Vamos, no te preocupes, tío. Ahora mismo agarro la furgoneta de mi padre y nos damos un garbeo. Ya verás cómo la encontramos —tranquiliza Raimundo.

Juntos recorren el pueblo, pero nada. De poco sirven los lamentos de Álex, con las manos sobre el rostro.

—Joder, ¿es que dónde ha podido ir una mujer como mi abuela sola? —pregunta Álex, algo desesperado—. Seguro que le ha pasado algo, tío.

—No digas eso. Vamos a seguir hasta encontrarla —responde Raimundo, sin apartar la mirada del camino empedrado.

—Es todo culpa mía. Soy un maldito despistado, joder...

—Deja de mortificarte. No lograrás nada.

—Ya tendríamos que haberla encontrado —continúa Álex, casi hiperventilando

—Es la cuarta vez que recorremos el pueblo. Solo nos queda la era y el lago —Raimundo se detiene unos segundos, pensativo—. Es posible...

—Pero eso queda lejos. La era no tanto, pero el lago... —Álex mira extrañado a su amigo.

—Por probar —propone Raimundo, gesticulando con el rostro—. Tampoco tenemos mejores opciones.

Deciden tomar ese camino. Y es que, aunque por la era se puede pasear sin problemas, cerca del lago es casi imposible caminar. Así que pocas posibilidades existen de encontrarla allí, o no. Una silueta de señora de avanzada edad se aprecia a lo lejos. Es ella. No hay dudas. Está junto al lago, frente a un ciprés.

—Joder. ¡Es ella! —exclama Álex, alucinado.

—Te lo dije. No es la primera vez que le ocurre.

—¿Cómo dices? —pregunta Álex, ceño fruncido.

—Pues... que ha habido más veces que ha venido sola aquí —contesta Raimundo, mirando a su amigo—. Antes de que vosotros vinieseis al pueblo, cuando uno de tus tíos, el Perla, se ocupaba de ella, tuvo que venir hasta tres veces a recogerla aquí.

—Pero ¿cómo es posible que una mujer como mi abuela pueda llegar sola aquí? Si casi no se acuerda de mi nombre.

—La cabeza, tío. Que tiene cosas inexplicables.

Llegan hasta ella. Álex se baja de la furgoneta a toda prisa. Se acerca a paso lento, no fuera a resbalar con aquel húmedo suelo enfangado. Ella mira ese centenario ciprés, embobada, apenas parpadea, boquiabierta. Temblorosa, sus manos lo tocan.

—Abuela, tenemos que volver a casa —implora Álex, mientras la agarra y, poco a poco, se la lleva con él. Ella vuelve su mirada y la clava en los ojos de su nieto. Se la ve feliz, pero de pronto, sus ojos entristecen.

—Eusebio, tienes que marcharte, o vendrán por ti —dice Luz María, algo alterada.

—Abuela, ¿quién es Eusebio?

—Eusebio... —Luz María dibuja en su rostro una mueca alegre, amplia, mientras mira al lago, tan hermoso a su lado—. Es tan guapo, tan apuesto. Pero tiene que marcharse. Tengo que darle un caballo para que huya antes que lo encuentren. Llévame a mis caballerizas.

—¿A las caballerizas? —pregunta Álex, confuso.

—Sí. Allí están mis caballos, tan hermosos, tan bien alimentados —asiente Luz María, sonriente—. Allí está Eusebio, escondido. Allí me espera. Tengo que darme prisa o, si no, lo encontrarán.

—¿Por qué tiene que marcharse, abuela?

—Le hemos matado. Nos descubrió —responde Luz María, entre sollozos—. Le hemos matado. Llueve...

—Cálmate, abuela —le pide Álex, abrazándola—. Está bien, iremos a las caballerizas.

—¿Me llevarás tú? —pregunta Luz María, mirada iluminada.

—Claro que sí —anima Álex, extrañado, cada vez más interesado en esa misteriosa historia.

Aprovecha ese momento para llevarla de vuelta a casa, en aquella furgoneta de su amigo Raimundo, antes de que regrese Sole. Por el camino, no deja de abrazarla, tembloroso. Se siente aliviado, pero no puede desprenderse de ese miedo que le embriaga. «¿Y si le hubiera pasado algo? No me lo hubiera perdonado». Contempla su rostro. Esos ojos iluminados, mirada fija al frente. Ese recuerdo saca lo mejor de ella, la hace vibrar, volar y volver a ser quien una vez fue. Zafarse de las garras de aquella maldita enfermedad y superar todo obstáculo. Todo por él. Todo por ese tal Eusebio. A quien unos militares buscaban, porque había matado a alguien, o algo así cree oír a su abuela —en plural— quien, si antes era capaz de encadenar tres palabras, ahora es incapaz de conjugar una sola vocal.

6

Cada rato libre que le quedaba entre tarea y tarea, ayudando a su madre en la casa como de costumbre, aprovechaba para practicar. Poco a poco, consiguió enlazar palabras, luego frases y, así, poco a poco tomó destreza con el arte de escribir. Al igual que ocurrió con la lectura. Cada noche, antes de dormir, recorría los versos de Machado, que tanto le apasionaban. Aunque apenas los entendía, se conformaba con poder leerlos. Poco a poco, esa musicalidad fue sonando en sus labios cuando, en voz alta, los entonaba. Luz María se sentía mucho más realizada, algo que la hacía feliz. Pocas eran las chicas de su edad que sabían leer o escribir en ese pueblo, ya que la mayoría se encontraban ya casadas.

Una noche, mientras leía un poema de Machado, su madre, Martirio, la abordó en su habitación. Camisón de dormir y una velita que en sus manos sostenía. Se sentó a su lado, la contempló. Esas arrugas comenzaban a apoderarse de su martirizado rostro, haciendo honor a su nombre.

—¿Qué lees, hija?

—Un libro de poesía que me han dejado —respondió Luz María, sin apartar la mirada de aquellas páginas.

—Y, ¿desde cuándo sabes leer?

—Estoy aprendiendo, madre. —Luz María casi se dejaba los ojos para distinguir alguna que otra frase.

—Y, ¿por qué ese afán por aprender a leer? —Martirio logró al fin llamar la atención de su hija, quien se incorporó un poco y clavó su achinada y cansada mirada repleta de letras en esos ojos oscuros de su madre, que ladeó la cabeza—. No sé. Me sorprende.

—Pues... porque quiero saber, madre. No hay nada de malo en ello, ¿no cree? —justificó Luz María.

—Claro que no, hija —respondió Martirio, encogiéndose de hombros—. Pero pienso que deberías aprovechar tu tiempo en otros quehaceres.

—¿A qué se refiere, madre? —preguntó Luz María, cerrando el libro, clavando una mirada algo enigmática en Martirio—. No he descuidado nada. He podido llevarlo todo adelante, y eso que no es fácil.

—No me refiero a eso, hija —trató de explicarse Martirio—. Lo que quiero decirte es que poco te valdrá aprender todo esto o leer libros cuando lo que verdaderamente debe ocupar tu tiempo libre es aprender a ser una buena esposa para cuando te cases con el teniente.

—Madre, he crecido viéndola a diario cuidar a padre. Desde niña, me ha enseñado que lo más importante es llevar la casa adelante y hacer feliz al marido. No debe preocuparse por ello. He tenido a la mejor maestra.

—Lo sé, hija. —El arrugado rostro de Martirio mostró una contenida sonrisa, a la vez que acarició el de su hija—. Pero, ya sabes. Los tiempos cambian y cuando esta locura de la guerra acabe, quizás haya un nuevo mañana. Y hay que estar preparada como mujer para lo que venga.

—Siempre me ha dejado claro que, pase lo que pase, nuestro sitio es el mismo de siempre —dijo Luz María. Martirio asintió—. ¿Qué tal padre?

—Duerme. Desde hace casi una hora. —Martirio perdió su mirada entre las cortinas blancas que tapaban aquella ventana. Se movían, hacía algo de viento—. Esta maldita enfermedad lo está haciendo añicos por dentro, hija.

—Hoy le visitó el doctor Zurriaga, ¿no?

—Sí, y como cada visita, le vuelve a poner el mismo tratamiento y me dice lo de siempre. Que hay que seguir esperando, que poco más se puede hacer. Pero esto es un sinvivir. Menos mal que algunos días está bien, como si nada le ocurriese. Pero otros... no le aguantaría ni su madre, que en paz descanse. Y eso que era una santa.

—Madre, ahora hay que estar unidas y ser fuertes. Padre no puede vernos desanimadas, pues él también bajaría la guardia —aconsejó Luz María, agarrando una de las manos rugosas de su madre, quien la miró asintiendo, sonriente, entre suspiros.

—A ver si pronto mejora, aunque albergo pocas esperanzas —continuó Martirio, que se interesó por ese libro que, con mimo, su hija sostenía—. Oye, ¿de qué va ese libro? ¿Es interesante?

—No, madre. Es una colección de poemas de un escritor que se llama Antonio Machado —respondió Luz María, acercando el libro a su madre, que lo miró, pero poco entendió de las letras que se agolpaban en su portada.

—Y ese, ¿quién es?

—Pues un escritor importante, madre. ¿Quiere que le lea uno de los poemas? Así ve cómo he avanzado y me da su opinión.

—Bueno, vale.

—Le leo este. —Seleccionó uno, en ese libro llamado *Campos de Castilla*—. Es cortito y habla del verano, donde ahora estamos.

—A ver qué tal lo haces.

—Es... una hermosa no... che de verano. Tie... nen las altas casas a... biertos los bal... cones del viejo pueblo a la anch... urosa plaza. En el am... plio rec... tángulo desierto, bancos de piedra, e... vóni... mos y acacias si... mé... tricos dibu... jan sus ne... gras som... bras en la arena blanca. En el ce... nit, la luna, y en la torre, la es... fera del reloj ilu... minada. Yo en este viejo pueblo pa... sean... do solo, como un fan... tasma —leyó Luz María, como pudo. Previamente, calentó su voz. Miró a Martirio—. ¿Qué le ha parecido?

—Es bonito, hija —aprobó Martirio, asintiendo con la cabeza—. Y lo haces bien. Aunque te falta un poco para hacerlo perfecto.

—Me cuestan ciertas palabras, pero con la práctica, seguro que pronto lo consigo —espetó Luz María, animada—. Por cierto, madre, ¿sabe usted que hay poetas como este que también están perseguidos? Todo esto es una locura.

—¿Perseguidos? ¿Es que es un rojo? —De pronto, el tono de voz de Martirio se volvió grave, aunque lo bajó y, tras un fuerte brinco, cerró la ventana de la habitación de su hija, como si no quisiera que aquella conversación fuese escuchada en las oscuras y solitarias calles de Almedinilla—. ¿Cómo se te ocurre traer esos libros a casa? ¿Quieres que nos detengan? ¿Es eso?

—Pero, madre, ¿qué tiene de malo un libro con poesía?

—Mucho, si su autor está contra los españoles de bien —respondió Martirio, quien se acercó a su hija, rostros casi pegados—. Hija, no sé si comprendes que estás prometida con un teniente de las fuerzas que han liberado al pueblo de la tiranía que vivía. ¿Sabes qué puede pasarte si te pilla con ese libro?

—Nada, porque no lo va a ver —sentenció Luz María, que trató de ocultarlo bajo la cama.

Pero Martirio no se fiaba y sin esperar a que su hija concluyese, le arrebató el libro y caminó a paso firme hacia la cocina, donde intentó quemarlo, pero Luz María se lo impidió.

—Hija, déjame que lo haga. ¡Es lo mejor! —exclamó Martirio, dando un golpe sobre la mesa de la cocina.

—Si en casa no quiere verlo, lo entiendo. Lo devolveré. Pero no vamos a quemar nada.

—Lo siento, hija. Pero no podemos arriesgarnos.

Martirio cumplió con su amenaza. Quemó aquel libro, prendiéndolo con una cerilla dentro de una cazuela. Impotente, con lágrimas contenidas en sus juveniles ojos, Luz María apreció cómo esas llamas devoraron esa obra que tanto le gustaba, aquellos versos que le hacían sonreír y querer saber mucho más. El primer libro que había logrado leer se estaba convirtiendo en oscuras cenizas.

—Madre, no tiene usted derecho a hacer eso.

—En mi casa, tengo derecho a hacer esto y más. Sobre todo, con algo que puede poner en peligro a mi familia. Dime, ¿quién te lo ha dejado? —ladeó la cabeza—. No sé cómo hay gente con libros así en el pueblo con la que está cayendo.

—Eso... ya no importa, madre —respondió Luz María, mirada al vacío.

—¿Es que no te das cuenta, hija? Mucha gente está muriendo por leer estos libros. El mismo maestro de escuela está en busca y captura porque todos aquí sabían lo que enseñaba a los alumnos y por estar metido en reuniones donde no le convenía.

—¿El maestro? Se refiere a Eusebio, ¿no? —disimuló Luz María.

—El mismo, hija.

—Pero ¿qué puede hacer de malvado un profesor para que quieran matarle?

—Enseñar cosas que no debe enseñar en la escuela. A la escuela se va a aprender, no a que te laven el cerebro y te conviertan en enemigo del país donde vives.

—Pero... si yo tengo entendido que los niños adoraban a Eusebio como profesor.

—¿Quién va a adorar a alguien que pone en duda la existencia de Dios? ¿Quién va a adorar a alguien que en sus ratos libres se dedicaba a provocar revueltas en el pueblo?

—¿Revueltas?

—¿No te acuerdas cuando un grupo de gentuza de la peor calaña intentó quemar la iglesia con el pobre padre Froilán dentro? Pues el maestro fue uno de ellos. —Luz María dibujó una boquiabierta mueca de incredulidad en su rostro, mirada perdida—. Estaba metido con esos agitadores indeseables que siempre buscaban armar escándalo. Menos mal que tu prometido los ha puesto firmes. Y cuando encuentre al maestro... pobre de él.

—Pero... no puede ser. —Por un momento, Luz María se olvidó que su madre estaba frente a ella—. Eusebio no es así.

—¿Qué demonios dices, hija? ¿Qué mosca te ha picado? Ni que conocieras a ese demonio.

—Me cuesta mucho creer... —Luz María observó a su madre, que clavó una mirada furtiva contra ella. Ese rostro fruncido, sospechoso, le hacía temblar—. Bah, no tiene importancia.

—Esa gente son unos asesinos canallas de lo peor, hija. —Martirio se volvió para agarrar un periódico de aquel día. En él, se podía leer: «Matanza católica en Barbastro. Asesinados después de ser torturados cuarenta y un seminaristas pertenecientes a la comunidad claretiana a manos de unos milicianos de la CNT»—. Mira lo que se dedican a hacer, a matar a jóvenes sacerdotes. Tu padre me lo leía esta mañana. Endemoniado estaba el hombre. Esa gente no ha hecho más que infectar nuestra patria.

Luz María no alcanzó a leer aquellas letras pequeñitas, pero esa foto de Florencio Asensio Barroso, obispo de Barbastro, asesinado, le hizo fruncir el rostro, cerrar los ojos y negar lo que veía.

—Luz María, no sé qué te pasa, pero llevas unos días muy rara. —Martirio se acercó a su hija, acariciándole el rostro—. Deberías estar feliz. Ya mismo serás una mujer casada.

—No es eso, madre. —Luz María se alejó de Martirio, caminando en círculos por aquella cocina. No dejaba de pensar en esos hermosos ojos de Eusebio, en su sonrisa, en su manera de ser. Se negaba a verle con los ojos de su madre—. Es... todo esto. De pronto, unos militares deciden emprender una guerra. Entran en sus casas y se los llevan, sin dar explicaciones. Otros marchan a luchar contra esos mismos militares. Ahora esto. —Luz María soltó ese periódico en la mesa, con violencia—. El pueblo está asustado, madre. Ha perdido su luz. Y yo me siento en medio de dos mundos. Como si me viera obligada a decidirme por uno de los dos lados.

—¿Cómo decidirte? Tú no decides de qué bando estás. Tú estás en el bando de tu familia. Y, por supuesto, en el bando de tu prometido. —Martirio caminó a paso lento hacia su hija—. Eres una mujer. No decides nada. Solo estás al lado de tu marido y le cuidas. Sin rechistar, llevándole la corriente. Si él dice negro, pues tú dices negro.

Aquellas palabras de Martirio atentaron de manera cruel contra la joven Luz María. Ella comenzó a dudar del camino que su madre, desde niña, le había marcado. Al oírla, sintió que quería huir de esa realidad que le esperaba, mientras que, petrificada, observaba el rostro de su madre, impasible, con esas pupilas temblorosas y cristalinas que terminaron por mostrar el verdadero sentir de alguien que logró construir una coraza con el paso de los años, alguien que una vez aceptó su amargo destino. El de las mujeres en esos años. Volvió aquella fría y arrugada mano al rostro fino y blanquecino de Luz María, que cerró los ojos, tragándose aquellas lágrimas.

—Hija mía. Serás una mujer a la altura de un gran hombre. Y eso me hace sentirme orgullosa de ti.

La besó en la mejilla y marchó camino a su dormitorio, dejándola en la cocina a oscuras, ya que con ella se llevó aquella vela. Luz María trató de salvar algo de aquel libro, pero todo estaba chamuscado. Se lamentó, mientras trataba de contener la respiración. Sollozó, con sus manos ennegrecidas. Tanto como el camino que le tocaba afrontar. Tanto como el destino que le tocaba asumir.

7

Ya descansa en su cama. Sole la arropa, la besa con fuerza en la frente y sale de la habitación, facciones tensas. En la mesa le espera Álex, algo nervioso. Aguarda la bronca de su madre, poco pudo hacer para evitar que se entere de lo sucedido. Todo el pueblo corrió a abordarla a su llegada. Apenas había puesto un pie en la plaza al bajarse de aquel bus y, como si de una famosa se tratase, allá que corrieron todos a contarle. Para entonces, Luz María ya estaba en casa, sin tan siquiera un rasguño, sana como un roble, sentada en su butacón, bajo la atenta mirada de su nieto. Raimundo tuvo que marcharse.

—¿Ya está dormida? —pregunta, tratando de romper aquella tensa situación y acabar con la mirada acusatoria de su madre, fija, casi sin pestañear. Álex es incapaz de mantenérsela.

—Gracias a Dios, sí. —Tono agrio el de Sole—. No hemos tenido que lamentar una desgracia.

—Mamá, ya te he intentado explicar...

—Ya me has demostrado lo responsable que eres —interrumpe Sole, dejando boquiabierto a su hijo—. Uno. Un solo favor que te pido, en todo este tiempo, porque no me quedaba a nadie más a quien recurrir. Y no eres capaz de asumirlo.

—Estás siendo muy injusta conmigo, mamá.

—¿Injusta? —pregunta Sole, algo indignada—. Álex, solo tenías que estar pendiente de ella unas horas. No te he pedido nada más. ¿Es mucho para ti?

—¿Cómo iba a pensar que se iba a escapar? —Álex eleva el tono—. A nadie en su sano juicio se le ocurriría que la abuela, con la edad que tiene y la enfermedad que padece, pudiera hacer lo que ha hecho.

—Álex, la abuela tiene Alzheimer, no es coja. —Sole da un golpe en la mesa—. Puede mantenerse en pie y hasta caminar. Eso aún no lo ha olvidado.

—Está bien. Pero ¿cómo iba a pensar que saldría sola? ¿Que iría al lago? —insiste Álex—. Joder, es que solo... me despisté unos minutos.

—Me dijiste que podía confiar en ti y ya veo que puedo hacerlo —recuerda Sole, soltando tal sarcasmo que en su hijo provoca un resoplo de impotencia, conteniéndose a responder algo de lo que pudiera arrepentirse—. Al menos, podemos darnos con un canto en los dientes que la cosa no ha ido a grave.

—O sea: me traes a rastras al agujero este de pueblo, me haces perderme el verano que me he ganado pasar al lado de mis amigos, tras mis buenas notas, me alejas de la ciudad, de mi ambiente, de mi vida. Me haces cargar con un problema que tienes que asumir tú y, porque me despisto solo unos minutos, me abroncas como si me acusaras de algo. —Álex se rebela, tono furioso, mientras Sole frunce el ceño—. Cuando me percaté que la abuela no estaba, removí todo para encontrarla hasta que di con ella. Así que no me hables así ni me mires como si me quisieras acusar de algo. Porque, en esto, de una u otra manera, estamos unidos. Porque tú lo has querido así.

—Tal vez... tengas algo de razón, hijo —rectifica Sole, meneando la cabeza—. Bueno, mejor que lo demos por olvidado. A fin de cuentas, la abuela está aquí, sana y salva.

—Y deberías saber que no es la primera vez que hace algo así —añade Álex.

—Lo sé, hijo. Tu tío me lo contó la última vez que lo hizo y me previno. Ahora que caigo, tendría que haberte puesto en alerta. Lo siento, soy una despistada.

—No te mortifiques más, mamá —dice Álex, colocando su mano derecha sobre el hombro de ella, que suelta una tímida sonrisa algo más relajada—. Por cierto, ¿por qué al lago? ¿Qué tiene ese ciprés de especial para ella? No sé, pienso que debe significar algo.

—Lo curioso es que, cuando estaba lúcida, era un lugar que repudiaba, tanto que a veces nos prohibía ir, a mí y a tus tíos —cuenta Sole, haciendo memoria—. Recuerdo un día, cuando era niña y quedaba con las amigas para ir al lago y bañarnos en verano. Me decía que siempre por el lado que da al término del pueblo vecino, que me alejase del ciprés, que estaba maldito. Yo le hacía caso, claro. Nunca tuve la curiosidad de saber el porqué.

—Últimamente, la abuela dice cosas muy extrañas —comenta Álex, que aprovecha ese momento para retomar aquella conversación que dejaron a medias por la mañana—. Mamá, ¿por qué la abuela me llama Eusebio? ¿Quién es Eusebio?

—Hijo, eso es un tema personal de la abuela. —Sole trata de huir de aquello, poniéndose en pie para recoger la mesa.

—¡Mamá! —llama la atención Álex. Ambos se miran, rostros serios—. Creo que tengo derecho a saber por qué la abuela me llama así. Saber por qué cuando lo nombra, cuando recuerda ese nombre, sus ojos se iluminan como nunca y es capaz de encadenar varias palabras seguidas. Incluso puede sacar fuerza de donde no hay para caminar hasta el lago.

Sole baja la mirada. Aprieta los labios y asiente con levedad. Entrelaza los dedos y vuelve a tomar asiento frente a su hijo.

—Lo poco que conozco de esa historia, hijo, es que Eusebio fue un joven maestro que dio clases en la escuela del pueblo hace muchos años.

—¿Un maestro?

—Sí —contesta Sole, dibujando una sonrisa en su rostro—. La abuela nos hablaba mucho de él. Nos contaba que fue quien le enseñó a leer y a escribir. Pero, sobre todo, ella decía que gracias a él pudo ver el mundo con otros ojos. Ver más allá.

—Tenía que ser alguien muy importante para ella.

—Cuando lo recordaba, ella entristecía. Se encerraba en su habitación o en el altillo y se tiraba horas. Delante del abuelo nunca hablaba de Eusebio, pues era un motivo que los llevaba a discutir ferozmente. —Álex mira con extrañeza a su madre—. Una vez fui tras ella. Al verla emocionada, ella me dijo algo así como que el corazón de una mujer es capaz de guardar secretos tan profundos que permanecen anclados años.

—Entonces, entre ese profesor y la abuela... ¿pasó algo? Digo... si fueron más que maestro y alumna.

—Es algo que nunca supe. Hablarle del maestro Eusebio era algo que le causaba tristeza, y lo peor, discusiones con el abuelo cuando salía el tema —recuerda Sole—. Por ello, siempre traté de evitar el tema. Es algo que le afecta demasiado.

—Si discutía con el abuelo, era porque entre ellos debió pasar algo.

—Lo poco que sé es que fueron rivales durante la guerra civil española. Ambos pertenecían a bandos opuestos —añade Sole—. El abuelo, en esas discusiones, siempre decía que ojalá le hubiese atrapado para acabar con él.

—Joder, vaya historia —dice Álex, cada vez más entusiasmado—. Hoy la abuela ha dicho algo de unas caballerizas. Unas caballerizas donde escondía a Eusebio.

—La familia de la abuela tenía unas caballerizas donde ahora está el centro de salud —cuenta Sole—. Sobre esconder a Eusebio... de eso no sé nada. No creo que la abuela hiciese algo así con alguien que era republicano, cuando su familia estaba del lado del bando nacional, como lo estaba también el abuelo, con quien se casó durante esa misma guerra.

—Esa historia debe encerrar algo, mamá. Y yo voy a averiguarlo.

—Tú no vas a hacer nada, Álex —ordena Sole, rostro serio—. La abuela está muy delicada y no le conviene recordar momentos que pueden afectarle. Lo que ella necesita es paz, calma y nuestros cuidados. Así que te pido, mejor dicho, te ordeno que entierres este tema.

Las crudas palabras de Sole no hacen mella en Álex, que continúa decidido a seguir adelante. Los primeros vestigios de la historia de ese maestro le animan a seguir investigando. Necesita conocer a fondo todo. Medita durante la noche, mirando a las estrellas de aquel precioso firmamento. Impaciente, espera la hora propicia, no más de las doce de la noche, para telefonear a su amiga Davinia. Es el momento que más anhela del día.

—Davi, ¿qué tal? Oye, tengo que contarte algo.

—Álex, hoy no puedo hablar, ¿vale? Lo siento —responde Davinia al otro lado, con los ojos humedecidos y con la voz algo entrecortada, sentada en su cama.

—¿Te ocurre algo? Te noto rara. Problemas con tus padres, ¿es eso?

—Será mejor que lo dejemos. Hoy no es un buen momento para hablar. Buenas noches, amigo.

No le da opción a réplica y cuelga el auricular. Se acomoda en su cama y continúa llorando, mientras en su habitación suena una canción algo melancólica. Desde la puerta de la misma, su padre, recto e impasible, la observa, con la puerta encajada. En la cabeza de la joven aún retumba una discusión con sus padres, de hace pocos minutos, tan fuerte que despertaron a los vecinos.

—Te pongas como te pongas, irás a Londres a estudiar. Tu madre y yo hemos hecho un esfuerzo para que puedas concluir allí tus estudios —ordenaba su padre.

—¿Y yo? ¿Es que no importa lo que yo opine? —preguntaba Davinia, ojos vidriosos, voz entrecortada, sollozos—. Decidís por mí sin importaros nada. Como siempre. No os importo nada.

—No digas eso, hija —suplicaba su madre, tierna voz, tratando de alzar su mano para agarrarla, pero ella se alejaba, mirada desafiante—. Lo hacemos por tu bien.

—Siempre decís lo mismo. Pero ¿realmente sabéis qué es lo que más me conviene? No tenéis ni idea.

Diciendo esto marchó a su habitación, donde rompió a llorar tumbada boca abajo, sobre su cama. En las paredes, fotos colgadas de un tablón junto a sus amigos, que luego miraba con ternura, quizás porque pronto tendría que despedirse de ellos. Las que aparecía junto a Álex, a solas o en grupo, le sacaban una sonrisa.

A unos kilómetros deambula hacia su habitación Álex, pensativo. Aquel tono de voz de su amiga le dejó preocupado, ensimismado. Se sienta sobre su cama, mirando a través de la ventana en esa calurosa noche. Piensa en ella. «Me gustaría estar a su lado y abrazarla, y decirle que, si algo le pasa, yo estoy aquí para lo que necesite». Se frustra. Maldita distancia. Se toca el pecho. Se tumba en la cama. Aquella noche no hace otra cosa más que pensar en Davinia. ¿Por qué siente como si el corazón se le desbocase al recordar su precioso rostro? ¿Por qué solo tiene ganas de estar a su lado? Cierra los ojos con fuerza. Trata de ocupar la mente con aquella historia de su abuela. Pensar en los primeros pasos. Llegar de nuevo a esa caja que vio en el altillo y abrirla, pero el rostro de Davinia y su dulce voz, que esa noche desaparecieron, siguen presentes en él. «¿Qué me pasa?». Ni él mismo es capaz de descifrar esa extraña sensación que pellizca su corazón.

8

Aunque no era un acuerdo escrito entre ambos, cada día, Luz María llevaba un poco de comida que le había sobrado a Eusebio y este le dedicaba una hora u hora y media para enseñarle a escribir y leer, una vez ella concluía con sus quehaceres en las caballerizas, a los cuales, el joven profesor también ayudaba, alegremente. Y es que, en ese tiempo, se familiarizó tanto con los caballos que los apreciaba como si también fuesen suyos. Aquella mañana, la joven no portaba esa sonrisa ni cantaba esas coplillas que tanto animaban a sus caballos y que a Eusebio le encantaban. Su rostro era pálido, triste, como si temiese a quien daba cobijo. Se mostró siempre guardando las distancias, evitó mirarle a los ojos y trató de evitarle.

—La verdad, Luz María, es que has progresado demasiado en pocos días —dijo Eusebio, sorprendido, mientras ella terminaba de escribir una oración, con una letra que, poco a poco, iba tomando tintes hermosos.

—Gracias. —El tono de voz de la joven era seco, sin elevar la mirada del trozo de papel.

—¿Sabes? Tengo algo para ti. —Eusebio sacó un papel de una libreta de la que nunca se separaba—. Es un poema que quiero que leas.

—¿De quién es?

—Es mío —respondió Eusebio, que se acercó un poco más a la chica, clavando en ella una tierna mirada. Pero Luz María se echó hacia atrás, cruzándose de brazos, algo nerviosa—. Es... dedicado a ti.

—Ah, ¿sí? —preguntó una sorprendida Luz María, quien ahora sí, elevó sus ojerosos ojos. Agarró el papel, algo titubeante—. *La... luz ... que guía mi... camino*. Vaya, precioso título.

—Me gustaría que lo leyeras —insistió Eusebio.

—Claro. —Luz María se dispuso a leerlo—. *Cuando en la os... curidad me veía, mi alma per... seguida para ser destru... ida, apareci... ste con tu luz que me guía, hacia un lugar donde quiero que me acom... pañes en esta vida. Te admiro cada mañana, siempre con esa sonrisa, tier... na y alegre que me he... chiza. Imagino un futuro contigo, juntos, navegando por nuestros sueños. Mi corazón pren... dido de ti, tú, mi salva... dora, mi guardiana, la luz que guía mi camino.*

Ambos se miraron, profundo silencio. Luz María sonrió tímidamente —era la primera vez esa mañana que lo hacía—, no era capaz de leer entre líneas los sentimientos que brotaban de aquellos versos sinceros, mientras Eusebio contenía la respiración.

—Es muy bonito, Eusebio —dijo, volviendo a esquivar aquellos preciosos ojos verdes.

—Lo he escrito... con todo mi corazón, Luz María —continuó Eusebio—. Como te he dicho muchas veces, la poesía es eso que nos hace libres para expresar con palabras aquello que sentimos.

—Algún día me gustaría escribir mis propios poemas. Ojalá pronto llegue el momento en que aprenda, como tú, a poder escribirlos.

—Con lo que estás progresando, más pronto que tarde, ya verás —animó Eusebio, que se le acercó de nuevo. Pero la chica volvió a huir—. Oye, Luz María, ¿te ocurre algo esta mañana? No sé, te noto distante. Como si tratases de evitarme.

Luz María clavó una furtiva mirada en los ojos de Eusebio. De uno de sus bolsillos, sacó aquel recorte de periódico que su madre le dio la noche anterior. Lo sostuvo con rabia.

—Mi madre ayer quemó el libro que me prestaste.

—Ah, vaya. Si es por eso... no te preocupes. De veras.

—No... no es por eso, Eusebio. —Luz María entregó aquel recorte de periódico al maestro, donde se podía ver aquella noticia sobre la matanza de seminaristas aquel pueblo oscense llamado Barbastro. Eusebio lo sostuvo, leyéndolo con preocupación—. ¿Qué opinas sobre esto? Esos son de los tuyos, ¿no es así?

—Luz María... ya te dije una vez que esta guerra hará un daño terrible a nuestro país —explicó Eusebio, entre resoplos—. En una guerra, se cometen atrocidades por los bandos que están enfrentados. Si lo que quieres saber es si estoy de acuerdo con esto, mi respuesta es y siempre será no.

—¿Cómo puede haber gente que diga luchar por la libertad y asesine de forma tan cruel a jóvenes cuyo único pecado es querer ser sacerdotes? ¿Qué daño ha podido hacer esa gente?

—De la misma manera que existe gente tan cruel que mata a gente inocente que no tiene nada que ver —Eusebio agarró ahora un periódico de los que le traía Luz María a diario y le mostró una página. En ella, se podía leer un titular que el joven reprodujo—: «Continúan los bombardeos en San Sebastián». Familias, niños y todo tipo de personas que solo quieren hacer su vida de la mejor forma posible muriendo por el simple hecho de vivir ahí.

—Justificas los crímenes...

—¡No, Luz María! —alzó la voz Eusebio. La joven se quedó pálida, nunca le oyó gritar así, lanzando el periódico con violencia contra el suelo—. Lo que intento decirte es que esto es una maldita guerra. Y en una guerra, pagan siempre quienes menos culpa tienen, por el odio que destilan ambos bandos. Es algo muy duro, algo a lo que nunca hemos debido llegar.

Luz María se encogió de hombros y bajó la mirada. Eusebio dio un paso hacia ella. Ahora no se alejó. Se acercó con calma, con cuidado, no sea que echase a correr. Pero se mantuvo allí, petrificada, con la respiración contenida.

—Yo lucho por mis ideales, Luz María. Por lo que creo, por el país que deseo. Pero no lo hago empuñando un arma, nunca he creído en ello. No quiero esta guerra. Nunca la he querido. Pero otros se han lanzado a matarnos y no nos queda otra que defendernos. Los que han hecho esto —mostró el recorte a la joven— no merecen mi reconocimiento, ni mi apoyo. Son unos criminales, aunque luchen por lo mismo que yo. Ellos son distintos, son anarquistas. Yo no creo en eso.

—Apenas te conozco, Eusebio...

—¿Eso crees? Entonces ¿por qué me escondes? En todo el tiempo que llevo aquí, he hecho lo que me has pedido y no he atentado contra ti o tus caballos aun sabiendo que tu familia apoya el levantamiento y tu prometido me busca para asesinarme. Con eso debe valerte para saber cuáles son mis intenciones.

Luz María clavó al fin su mirada, algo menos tensa, en los ojos del maestro. Él la miró, compasivo, en el fondo la entendía y evitaba ser cruel con ella. Alzó su mano y acarició el fino rostro de la joven, que cerró los ojos, algo temblorosa.

—Nunca le haría daño a la mujer que me salvó la vida —continuó Eusebio, dibujando una mueca sonriente en sus labios. Luz María también sonrió. No pudo evitarlo—. Mucho menos, a mi mejor alumna.

Ambos soltaron algunas carcajadas. El ambiente era algo más distendido entre ambos. Continuaron la lección, con algo más de alegría. Luz María hizo un esfuerzo por creer al maestro. Alguien como él no podía engañarle. De pronto, se hizo el silencio y Eusebio volvió a preguntarle algo a la joven.

—Oye, Luz María, ¿qué es eso que tanto anhelas hacer?

—No te entiendo, Eusebio —respondió ella, que se puso en pie para peinar a Galán.

—Me refiero a tus sueños. Aquello que sueñes hacer, la vida que te gustaría construir una vez todo esto termine —explicó Eusebio, colocándose al otro lado del animal, ayudándola a peinarlo—. Todos tenemos ilusiones, proyectos. ¿Cuáles son los tuyos?

—Pues... supongo que casarme y tener hijos con Borja —respondió Luz María, encogiéndose de hombros, tono conformista—. Vamos, lo normal.

—¿Crees que eso es algo que debe ser normal?

—La mujer debe servir al hombre. Darle hijos, cuidarlos y cuidarle. Es lo que nos toca.

—¿De verdad pretendes renunciar a tu vida para apresarte de esa manera?

—¿Apresarme? Es el compromiso del sagrado matrimonio. Lo dice bien claro la iglesia —insistió Luz María, ceño fruncido.

—Ah, claro. Que según la santa madre iglesia, la mujer debe vivir subordinada al hombre solo por el hecho de ser mujer —sarcástico Eusebio, que negó con la cabeza bajo la atónita mirada de Luz María—. La vida es demasiado corta como para condenarla a estar a la sombra de nadie.

—¿Tienes algo en contra de quienes creemos en la iglesia?

—No es eso, Luz María...

—Por eso intentasteis quemarla con el padre Froilán dentro, ¿no es eso? —Luz María dio otro paso atrás, al volverle aquel recuerdo a la cabeza.

—Yo no tuve nada que ver con eso.

—Fueron los mismos de ese grupo en el que estabas.

—Es cierto, pero yo no participé en ese cruel acto. Tienes que creerme, Luz María. —Eusebio se lanzó contra ella y la agarró del brazo. La encaró. Ella evitó mirarle a los ojos—. Yo fui uno de los que ayudó a apagar ese incendio, maldita sea. ¿Cómo voy a defender algo así? Aunque no me creas, soy de familia creyente, pero no creo en la iglesia, no creo en una institución que quiere tener el poder de todo un país y que toma decisiones políticas, usando la fe de quienes en ella creen y jugando con algo tan sagrado. Jesucristo no era así.

Luz María logró zafarse de las garras de Eusebio, pero esta vez no huyó. Le mantuvo la mirada, convencida en su discurso.

—Soy una mujer, Eusebio. ¿Qué pretendes que haga? Dime tú, tan listo que eres. ¿Me quedo soltera? ¿No traigo niños al mundo? Entonces, ¿para qué he venido yo aquí?

—Para ser feliz —respondió Eusebio, casi alzando la voz. Luego se percató que hizo mal y, tras una mirada rápida en rededor, se aproximó a la joven, agarrando sus manos—. Una chica como tú no debe renunciar a vivir una vida que tantas cosas buenas puede depararle. Puedes ser lo que quieras, hacer cuanto quieras y ser libre.

—Pero yo soy feliz así, Eusebio —replicó Luz María, quien volvió a separar sus manos de las del maestro—. Mi prometido me espera. Nos casaremos en pocos meses.

—¿Le amas? —preguntó Eusebio, atrevido, provocando un profundo silencio y una mirada cruel de Luz María, quien se alejó de aquella caballeriza—. ¿Por qué no me respondes? Yo te lo digo. Porque, en realidad, no le amas. Si te casas con él, lo haces porque crees que es lo que debes hacer.

—¡Basta! —sentenció Luz María, conteniendo el tono de voz—. No tienes ni idea. No hables de aquello que no sabes. Amo a mi prometido.

—Si es así, ¿por qué no me has entregado a él? —Eusebio volvió a acercársele—. Sabes que me busca como un condenado. Tú puedes acabar con su angustia y quedar como una heroína. Pero me ocultas aquí, ¿por qué?

Profundo suspiro de Luz María quien, molesta y algo confusa, tomó la decisión de marcharse de las caballerizas sin decir media palabra. Eusebio resopló, cerró los ojos, conversó con los caballos. No. No se estaba volviendo loco, pero era la única manera de sentirse mejor. Luz María caminó calle arriba, pensativa, moldeaba en su cabeza aquella conversación. Algunos sentimientos comenzaban a aflorar, se preguntaba cosas, su cabeza volteaba. «¿Le amas?». Esa pregunta retumbó una y otra vez. Sin casi esperarlo, ha dado un paseo alrededor del pueblo, llegó al lago caminando por la era, donde se detuvo, sentada sobre aquellas piedras, junto a aquel ciprés. Oyó un pequeño crujido de rama, pero no mostró demasiado interés en qué podía ser. Paul se ocultaba tras ellas. La ha seguido.

9

Desayunaban juntos, madre e hijo. Tostadas y café, recién hecho, con ese aroma que casi impregnaba todo el salón. En el rostro del joven Álex se nota la palidez de no haber descansado como quiso. Estuvo casi toda la noche en vela, y no era la única desde que estaba en el pueblo, pero esta vez, el motivo era otro. Menea la taza de café con la cucharilla sin parar, casi como si quisiera separar los elementos. Perdidos ojos en el contenido de la misma. Con la otra mano, se toquetea su gruesa cabellera. Mira a su madre, se muere de ganas por preguntarle algo, pero no sabe cómo. Entiende que tiene que lanzarse y esperar su reacción.

—Oye, mamá, lo vuestro, digo, la relación entre mi padre y tú, ¿cómo surgió?

—¿Y esa pregunta? —responde una extrañadísima Sole—. ¿A qué viene recordarme a ese indeseable?

—No es eso, mamá. —Trata de explicarse Álex, algo inquieto—. Lo que quería decir es... no sé, cómo supiste que era él la persona con la que querías estar.

—Te puedo asegurar que, de saber lo que me haría años después, nunca le habría elegido —contesta Sole, provocando en su hijo una sonrisa algo nerviosa.

—Dejemos ahora eso de lado. Solo quiero saber lo que sentías cuando estabas con él. En esos momentos en los que sí estuvisteis unidos. Solo eso.

—Pues, hijo, lo normal cuando estás enamorado de alguien —Sole se encoge de hombros y da un sorbo al café—. Ya sabes. Sientes ese cosquilleo especial cuando lo tienes cerca, notas cómo el corazón te late a mil por hora, no puedes evitar sonreír cuando le ves, cuando le oyes... no sé qué más decirte, hijo. Primeramente, porque no entiendo a qué viene esa urgencia en saber de sentimientos.

—Simple curiosidad —sentencia Álex, que suspira profundamente, comprendiendo que muchos de esos sentimientos los había padecido pensando en su amiga Davinia, durante aquella noche. Niega con la cabeza, «no puede ser». No quería. Traga saliva. Mirada a la taza de café, sorbo prolongado.

—Ya, claro. Simple curiosidad —espeta Sole, mueca sonriente—. A ti te gusta una chica, ¿no es eso?

—Pero ¿qué dices, mamá?

—Se te nota en la mirada, hijo —responde Sole, clavando sus pupilas en las suyas, brillantes—. Nada más hay que verte. Esos ojos los conozco. También eran con los que yo miraba a tu padre, hace muchos años.

Silencio incómodo. Álex baja la mirada, pensativo. Trata de explorar en su corazón. De pronto, una voz suena atronadora desde la planta de arriba. Luz María se ha despertado. Sole se levanta, dando un último trago al café. Vuelve los ojos blancos. «Ya se despertó». Corre hacia la habitación para ayudarla a levantarse, asearse y prepararla para afrontar el nuevo día. Mientras tanto, Álex vuelve la mirada hacia el teléfono. Sin pensarlo dos veces, corre hacia él para llamar a Davinia. Necesita hablar con ella, pero no sabe muy bien el por qué. Quizás está preocupado por ella, por esa voz quebrada la noche anterior y ese tono de tristeza que destilaban sus labios, quizás simplemente quiere escuchar su voz, quizás simplemente quiere estar unos minutos hablando en armonía como era habitual en ellos. Sin esperarlo, ya tiene el auricular en el oído. Poco le importa que al otro lado estén sus cuadriculados padres que ni respirar la dejan.

—Álex —lo llama su madre desde arriba—. Por favor, necesito que vengas.

Cierra los ojos. Frustración que le envuelve en ese momento. Cuelga, sin lograr aquello que pretende. «Otra vez será», se lamenta. Sube hasta la habitación de su abuela, de la cual se desprende un fuerte olor a orín, casi ni se puede entrar. Ella se encuentra en pie, casi sin moverse, aún con el pijama puesto. Le lanza una sonrisa a su nieto.

—Hijo, necesito que subas al altillo y cojas unas sábanas que hay guardadas allí. Ya que las que tiene aquí, al menos hasta que se sequen al sol después de lavarlas, no podemos usarlas.

—¿En qué parte? —pregunta Álex, confuso—. Porque en el altillo hay casi un mercadillo.

—Están en una repisa al fondo. En la parte de abajo. Son blancas. No tendrás dificultad.

El joven accede. De nuevo, se planta ante él una oportunidad de oro para llegar hasta aquella caja misteriosa que mostraba el nombre de Eusebio. «¿Las sábanas? Ahora las buscaré». Camina de nuevo hacia la repisa donde se oculta aquella caja y la saca, con sumo cuidado, pues encima tiene demasiadas cosas. La destapa, para ver qué se halla en su interior. Manuscritos que contienen poemas, uno de ellos, muy especial, pero algo amarillento ese papel que tantos años parece tener. Se titula *La luz que guía mi camino*. También hay un libro de poemas. *El rayo que no cesa* de Miguel Hernández. Al fondo de aquella caja, unas cartas. Están atadas con una cuerda y con algo de polvo. Son muchas. Todas ellas tienen como remitente a ese mismo ser tan misterioso: Eusebio, y una dirección extraña, que lo único que deja claro es que provenían de Francia.

—¿Se puede saber a qué esperas para traerme lo que te pido? —Llega Sole, ofuscada, boquiabierta al ver a su hijo sostener aquellas cartas—. Álex, ¿qué es eso?

—Nada. —Álex las guarda de nuevo en aquella caja y las cierra—. Es algo que me he encontrado aquí, pero no tiene importancia.

Sole se lanza contra su hijo y arrebata aquella caja que quiso proteger y ocultar. Al verla, al contemplar lo que en su interior conserva, lanza una cruda mirada contra Álex, quien traga saliva, mirada al vacío, respiración contenida.

—Te dejé muy claro que te olvidaras de esto, Álex.

—¿Tú sabías algo de esto, mamá?

—Ya te dije ayer que es algo que pertenece a la vida privada de la abuela, hijo. —Sole coloca la caja donde estaba—. Algo en lo que no quiero entrar, ¿vale?

—¿Por qué? Igual es importante para ella. —Álex se vuelve valiente y agarra de nuevo aquella caja, ante la pasiva mirada de su madre—. Quizás esas cartas... leérselas, le hace sentirse feliz.

—No vamos a indagar en el pasado personal de la abuela, Álex. Que te quede muy claro —advierte Sole, tono algo furioso, agarrando de nuevo la caja y soltándola en la repisa—. Demasiado tiene con su enfermedad.

—Tú conoces el contenido de esas cartas, ¿verdad?

—Mira, Álex, han pasado... muchos años ya —responde Sole, cruzándose de brazos, entendiendo que su hijo necesita una explicación—. Lo más que puedo decirte es que los días que llegaba el correo, la abuela corría a recogerlo, como si esperase encontrar algo en esas cartas. Esos días se la veía feliz, radiante como pocas veces, aunque cuando terminaba de leerlas, también se emocionaba. Solía subir aquí arriba a leerlas, a menudo, a escondidas del abuelo. Alguna vez la pude ver, aquí sentada —señala una silla y una mesita que ya tienen hasta telarañas—, releyendo una y otra vez las cartas, con lágrimas en los ojos. Nunca quise preguntarle su contenido. Solo que por qué estaba triste.

—Y ella, ¿qué te respondía?

—Trataba de quitar hierro al asunto —contesta Sole—. Me decía que esas cartas eran de una amiga que tuvo en el pueblo que tuvo que marchar tras la guerra. Pero en el fondo, yo siempre supe que me engañaba. Se lo podía ver en sus ojos. Podía verlo en el abuelo, esos días la miraba con crudeza, como si supiera quién le había escrito.

—Eusebio, el maestro —añade Álex, mirando aquella caja.

—Álex, en toda nuestra vida aquí, la abuela guardó este secreto con mucho mimo. Ninguno de mis hermanos sabe nada de esta historia, no sé si porque la ignoraban o porque, simplemente, preferían hacer como tu abuelo y echar la vista a otro lado —cuenta Sole—. Por ello, te imploro que no remuevas las cosas. Déjalo todo tal como está. Si pasó algo entre tu abuela y ese maestro, que quede en ellos para siempre. No conviene hacer sangre con algo que pasó hace ya sesenta años. —Sole da un par de pasos y agarra las sábanas—. Y ahora, me bajo a cambiar a tu abuela antes de que coja un resfriado.

Sole se vuelve y baja las escaleras a toda prisa. Por su parte, Álex se mantiene unos minutos en silencio, frente a aquella caja. La vuelve a abrir. Admira aquellos mugrosos sobres, pensativo. «¿Guardarlos? ¿Remover el pasado? De eso nada. Solo quiero conocer a fondo esa historia». Agarra aquella caja de metal y sale del altillo, ocultándola con sumo cuidado con las manos en la espalda. Está dispuesto a sumergirse en los recuerdos de su abuela Luz María, necesita conocer esa historia que tanto la agita, saber de ese maestro, Eusebio, que tanto la emociona, que en su recuerdo cascado aún perdura, sobrevive, como una estrella que ilumina sus ojos. Viajar al pasado para entender el presente.

10

A la tibia luz de la luna, la oscura noche envolvía el silencioso pueblo de Almedinilla, cohibido. Nadie caminaba por sus calles, solo los militares que vigilaban en ciertos lugares que el orden se cumplía y mantenía a rajatabla, como ellos mismos habían dictado. Luz María esperó a que sus padres fuesen a dormir para darse un paseo arriesgado hacia las caballerizas. La cena le salió riquísima y quería llevarle un poco de pollo a Eusebio. Preparándolo, a escondidas en la cocina, recordó lo ocurrido aquella tarde, mientras su rostro se apagaba.

Fue decidida, como una flecha, nunca antes caminó de aquella manera. Desde aquella tarde que se marchó de allí algo confusa, no había regresado, pero sus caballos la esperaban. Allí estaba Eusebio, a quien negó el saludo al entrar. Él la miraba, gesto serio.

—Luz María, sobre lo de ayer, quiero decirte que... —trató de explicarse Eusebio.

—No quiero hablar de ello —interrumpió Luz María, volviéndose hacia él, dejando caer en el suelo un cubo de agua—. Y, ¿sabes qué? Mejor será que vayas pensando en largarte de aquí. Lo antes posible.

—Lo haré pronto, no te preocupes. Solo necesito un par de días, te lo prometo. No te molestaré más —dijo Eusebio, mientras ella continuaba a sus labores, cariñosa con sus caballos—. ¿Quieres, no sé, retomar las clases?

—No quiero volver a dar clases contigo de nada. Poco me interesa seguir aprendiendo cosas que no voy a necesitar, mucho menos leer poesía ni nada de eso.

—No era eso lo que decías antes —comentó Eusebio, algo frustrado, mientras se acercaba a ella y se fijaba en cómo las manos le temblaban. Entonces, dejándose llevar por los impulsos, se lanzó contra ella y le agarró de las manos, obligándola a clavar sus pupilas en las suyas. Sorprendida, preguntó, voz entrecortada, algo tartamuda y pulso acelerado, que qué estaba haciendo—. ¿Sabes lo que pienso? Que nada de lo que dices lo sientes de verdad.

—¿Qué sabrás tú lo que yo siento? —Luz María destilaba un tono furioso de sus dulces labios—. ¿Te crees saberlo todo?

—Te veo a diario cómo cuidas a estos caballos que, si están así de sanos y preciosos, es gracias a ti. Te veo cada día aprender y mejorar con mis lecciones. Esa mirada, cómo haces lo que te apasiona, con el corazón. Claro que sé lo que sientes.

—Suéltame —pidió Luz María, a lo que Eusebio accedió—. Acepta lo que te digo y no trates de convencerme de lo contrario, por favor.

—Si es lo que anhelas, no tengo mucho más que decir. —Eusebio asintió y dio un pequeño paso hacia atrás—. Pero quiero que sepas que, para mí, eres mucho más que una simple mujer que quiere conformarse en asumir el papel que le toca. Y sé que eres capaz de hacer grandes cosas. Pero lo mejor de todo, es que, además de eso, tú también te has dado cuento de ello. Por eso actúas así. Porque tienes miedo a explorar en tu interior y descubrir lo que puedes llegar a ser.

Luz María no quiso responder. Bajó la mirada y prosiguió limpiando sus caballos, mientras Eusebio se volvió y se tumbó sobre aquella cama que improvisó con algún que otro trozo de cartón.

Allí, leía un libro sin quitar ojo de encima a una Luz María que hacía lo propio, aunque las miradas nunca conectaban.

El recuerdo se disipó por la ventana, la cual tuvo que cerrar. Ya arreciaba algo, aunque no mucho. Salió con el cesto colgado del brazo y caminó a paso lento por aquellas silenciosas calles. Y no es que siempre presentasen este aspecto, pues antes las noches eran mucho más alegres, sobre todo en verano, pero la guerra lo destrozó todo. A paso lento, las cruzó. Solo el canto de los grillos quebraba el silencio. Extraños sonidos, parecían pasos a sus espaldas. Decidió acelerar. Se acercaban. Alguien le interrumpió el paso, ella se asustó. Era Paul, que sostenía aquel fusil con alegría. La miró, la recorrió con los ojos con una lascivia que la incomodó profundamente.

—¿Dónde vas a estas horas, jovencita? —preguntó, tono vacilón, mientras la rodeaba.

—Voy... a mis caballerizas —respondió nerviosa Luz María.

—Últimamente vas mucho por allí —dijo Paul, misterioso tono de voz—. ¿No sabes que no se puede andar por ahí a estas horas?

—Mis caballos tienen que comer.

—Claro. Y no pueden esperar a mañana —continuó en tono sarcástico Paul—. Es lo que tiene ser la prometida del teniente. Que una se piensa que la ley no va con ella.

—Le pido que no diga mentiras, por favor.

—Sé que algo tramas, no sé lo que es, pero algo escondes tras esa mirada de niña buena —la acusó Paul, que se acercó a ella y clavó sus pupilas en las suyas, que se las mantuvo, valiente—. Si no es por ser la prometida de quien eres, te habríamos quemado las caballerizas con los caballos dentro.

—¿Por qué? ¿Eh? ¿Qué han hecho de malo mis caballos?

—Tus caballos no son el problema. —Luz María palideció, conteniendo la respiración—. Pronto tendré razones para ello.

Apareció, oportuno, Borja.

—Luz María, ¿qué haces aquí? —preguntó, acercándose a ella y colocándose a su lado. Luego, alzó la mirada en busca de Paul, que tragó saliva—. Puedes marcharte. Yo me ocupo.

—A la orden, como siempre —dijo Paul, cuadrándose y marchándose, no sin antes lanzar una última mirada a Luz María, quien le siguió con los ojos.

—Cariño, ¿qué haces a estas horas por las calles? No es bueno que salgas de noche.

—Lo sé, pero tengo que ir a las caballerizas —insistió Luz María.

—En ese caso, déjame que te acompañe. No es bueno que camines sola. Si te ocurre algo, no me lo perdonaría.

—No te preocupes, de veras. No quiero molestarte —Luz María tiritaba y no era de frío—. Seguro que debes estar muy ocupado.

—Pero ¿qué dices? A mí no me supone nada. Además, así charlamos un rato. —Borja se percató de los temblores de su prometida. Se quitó la chaqueta de su uniforme y la colocó sobre ella—. Toma. Estás helada. Y no lo entiendo. No hace demasiado frío.

Agarrados de la mano, caminaron hacia las caballerizas. Él le contó los avances de la guerra, el orden que había en el pueblo desde que llegaron y los planes que tenían para avanzar hacia, como él repetía una y otra vez, un nuevo país.

—La única espina que me quedó dentro es no poder atrapar al maestro —se lamentó Borja—. Hubiera deseado tanto ser yo quien le atrapase.

—¿Por qué esa obsesión con él?

—Desde que llegó a este pueblo, en lugar de dedicarse a dar clase y enseñar a los chicos, se dedicaba a lavarles el cerebro, dar mítines en los que, entre otras cosas, se metía con el ejército llamándonos vagos e inútiles. Pues él bien que ha corrido como una rata de estos vagos e inútiles —respondió Borja, bajo la atenta mirada de su prometida—. Solo deseo que le atrapen.

—Seguro que, a estas alturas, lo tienen ya preso —aportó Luz María, tratando de calmar a su prometido. Resopló.

—Aún no controlamos tanto como quisiéramos. Pero tengo al tanto a otros camaradas de la zona —añadió Borja, sonriente—. Si le atrapan, solo espero que acabe en un pelotón de fusilamiento.

—¡No, Borja! —Aquel grito de Luz María sorprendió a su prometido, que la miró con extrañeza. Ella actuó movida por un extraño impulso, provocado por visualizar ante sus ojos una escena tan dantesca como ver a Eusebio maniatado, arrodillado, perdiendo la mirada ante esas escopetas que deseosas de abrir fuego contra él tenían y a Borja dando la orden de disparar mientras ella se encontraba en medio, sin poder hacer nada—. No... sin antes un juicio, ¿no es así?

—Amor, esa gente no merece ser juzgada. Son enemigos de España. —Borja acarició el rostro de su prometida—. Tranquila, no temas. Aquellos que merezcan ser juzgados, lo serán. Y si hay alguien que juzga de verdad, ese está —señaló al cielo— ahí arriba.

—Perdóname, Borja. Es que... esta situación me pone un poco nerviosa. —Luz María bajó la mirada. Su prometido la abrazó con fuerza—. Tantas muertes inocentes, tantas familias destruidas, tantas vidas arrebatadas.

—Ya te he dicho que tú tienes que estar tranquila. Yo estoy a tu lado, y tú conmigo. Estamos juntos, en el bando que ganará esta contienda. Cuando todo termine, formaremos una familia en un país próspero y libre.

—¿Y las familias que están muriendo ahora? —Luz María recordó ahora esas noticias, las de la matanza en Barbastro promovida por anarquistas contra seminaristas y los bombardeos en San Sebastián por parte de la aviación del bando nacional—. ¿Qué pasa con ellas?

—Por desgracia, esto es una guerra. Y siempre muere gente. A veces, gente que nada tiene que ver. Daños colaterales se llaman.

Aquella respuesta le terminó sonando casi idéntica a la que Eusebio le dio. En algo coincidían los dos hombres más importantes en la vida de la joven en ese momento, pese a estar en las antípodas en cuanto a pensamiento. Llegaron a las caballerizas y Luz María se dispuso a entrar, pero se detuvo al ver que Borja le seguía, sonriente, rodeando con sus brazos la cintura de esta. Le dio besos en la mejilla, en el cuello. Ella se volvió, incómoda.

—Borja, ¿qué haces?

—¿Qué tal si pasamos dentro y... nos dejamos llevar? —preguntó él, lascivo, mientras trataba de acaramelarla con besos, pero ella le huyó—. Vamos, no me lo niegues. Necesito sentirte conmigo. Llevo unos días tan crueles...

—Borja, por favor —insistió Luz María, zafándose de sus garras, mientras la miraba, atónito—. Ya te dije que, hasta que nos casemos, no quiero entregarme. Solo... te pido que me respetes. Y me esperes.

—Está bien —aceptó Borja, gesticulando como diciendo «si no queda otra».

—Gracias. —Luz María le acarició su rudo rostro con ternura. Se dirigió hacia la entrada de las caballerizas y, al ver que Borja la seguía, se detuvo. No era buena idea que entrara allí—. Oye, espérame aquí. No tardo nada. De veras.

El joven teniente aceptó y su prometida accedió a sus caballerizas donde, como bien prometió, poco tardó. Dejó aquella cesta, salió a toda prisa, poco se fiaba de Borja y juntos marcharon paseando calle arriba como una pareja feliz. Eusebio, que asomó una vez pasó un buen rato desde que se fueron, abrió aquel cesto, saliendo de su escondrijo una vez pasaron varios minutos. Qué bien olía aquel manjar. Dentro de aquella cesta, también había una nota. En ella, se podía leer «GRACIAS».

11

Aprovecha ese momento en que su madre friega los cacharros en la cocina para ir a la habitación de su abuela. Álex porta aquellas cartas, trata de buscar una reacción en ella, espera que recobre aquellos recuerdos de un pasado que ansiaba conocer. Aquella misteriosa relación con ese tal Eusebio. A escondidas de Sole, abre una de ellas, la lee casi murmurando. Lo que contenía le disipa todo tipo de sospechas. Camina recordando el contenido de la misma:

Querida Luz María:

Las frías noches en París me hacen recordar el calor de ese cobertizo donde nuestros corazones fueron felices, aunque por poco tiempo, intensamente. Te echo de menos, anhelo tenerte cerca. Los meses pasan y lejos veo el regreso a mi amado país, terriblemente secuestrado bajo la tiranía de un dictador sobre el que siempre pesará hacernos retroceder años atrás, quebrar la convivencia y enfrentarnos por siempre.

En la soledad de esta habitación donde cada noche trato de conciliar el sueño, tu belleza es lo que me hace feliz. Recordarte, sonriente como siempre, esos labios, esa mirada que me cautivaba, una sonrisa me saca. Escribirte estas letras me hacen sentirte cerca. Me imagino cuando la abres y la lees, cuánto aprendiste. Deseo de corazón que seas feliz en la medida que puedas. Nuestro amor imposible siempre será un recuerdo que permanecerá anclado en nuestros corazones, un sueño precioso, un recuerdo en forma de estela que se disipa. Pero vivido intensamente.

Te quiero

Eusebio.

Allí permanece Luz María. Sentada en ese butacón, mirando a la ventana. Es noche cerrada, aunque la luz de la luna llena ilumina la calle, poca gente caminando, algún que otro crio jugueteando. A su lado, se sienta Álex. Ambos se miran. Ella le sonríe.

—Mi pequeño —dice, acariciándole el rostro, sonriente, confundiéndole con su hijo mayor, ese al que conocen en el pueblo como el Perla.

—Hola, abuela.

—¿Ya has cenado? Tienes que ir pronto a dormir, que mañana tienes que ir a la escuela y don Vicente te va a regañar si llegas tarde.

—Sí, claro. Ahora voy —afirma Álex, siguiéndole el juego. Luz María vuelve su mirada al cristal. Álex saca aquellas cartas—. Oye, abuela. Háblame de Eusebio.

—Eusebio —responde Luz María, tono dulce, tras volver el rostro a su nieto, mirarle con tono serio y ahora expresar una mueca de felicidad, suspiro profundo, cierra los ojos—, el hombre a quien más he querido. Eusebio...

—¿Fue un novio tuyo o algo?

—Yo le ayudé. Le escondí para que no le matasen —cuenta Luz María, que de vez en cuando, se bloquea y apenas vocalizaba—. Pero... le descubrieron. Por mi culpa...

—¿Y qué pasó? —pregunta Álex, curioso.

En ese momento, su abuela torna su rostro a triste, sus ojos se humedecen, las manos lo cubren, llora, niega. Álex trata de calmarla para que su madre no se entere. Tiene que cerrar la puerta.

—Abuela, por favor, cálmate —insiste Álex, abrazándola, agarrando sus manos—. Si no quieres, no me cuentes nada.

—Tienes que irte, Eusebio. Huye lejos ahora, en la noche, para que no puedan encontrarte —dice Luz María, algo sofocada.

—Él me ha dado esto para ti —dice Álex, entregándole aquellas cartas, que provocan que se calme y retome la respiración—. Te las ha escrito. ¿Te acuerdas?

—Son de Eusebio —responde Luz María, sonriente, escrutándolas con mimo—. ¿Ha venido? Tengo muchas ganas de volver a verle. Llevo tantos años esperándole...

—¿De veras te gustaría verle, abuela? —Luz María despliega una de esas cartas—. Si pudieras contarme lo que recuerdes, abuela, haré que vuelvas a verle, te lo prometo.

—Y podremos volver a ser felices —añade Luz María, cuyo rostro casi se ilumina con aquella luz de la luna que lo baña. Mira de nuevo aquellas cartas, ceño fruncido, luego se vuelve a su nieto, extrañada—. ¿Qué son estos papeles?

—Nada, no te preocupes, abuela —responde Álex, recogiendo aquellas anticuadas cartas, comprensivo con su abuela y esa maldita enfermedad.

¡Toc! ¡Toc! Aparece Sole. Admira aquella estampa, sonriente, nieto y abuela, uno frente al otro.

—Hijo, tienes una llamada. Es tu amiga Davinia.

—Ah, vale. Voy ahora mismo. —Da un brinco Álex, que siente cómo su corazón se acelera.

Se aleja de su abuela, que continúa admirando al cielo, a aquella luna. Sole se queda con ella, le dice que ya es hora de dormir y que va a prepararle la cama. Por su parte, el joven camina valientemente hacia el teléfono. Está deseoso de hablar con su amiga.

—Davinia —saluda con energía, con una mueca de felicidad que se dibuja en su iluminado rostro.

—Hola, Álex. —Como de costumbre, se encuentra sentada en su cama, con un poco de música de fondo, algo bajita y ese ventilador que la refresca—. ¿Qué tal estás?

—Eso mismo quiero preguntarte, Davi. Ayer... no sé, te noté triste. ¿Movida en casa?

—Ya sabes, Álex. —Davinia baja la mirada, algo fruncida, conteniendo las lágrimas—. La batalla constante con mis padres. Parece que se han propuesto hacer de este verano el peor de mi vida.

—Te han vuelto a amenazar con lo de Londres, ¿es eso? —El tono con el que pregunta Álex es de preocupación real, algo temeroso. Contiene la respiración—. No les hagas caso, Davi. No lo harán.

—Están muy decididos, Álex —apuntilla Davinia, con la voz llorosa, soltando algunas lágrimas. Al otro lado, su amigo se deja caer sobre aquel sofá, llevándose la mano que no tiene ocupada al pecho. Siente como si algo se le clava. Algo que le impide casi respirar—. Lo van a hacer. Van en serio y yo... yo me quiero morir.

—No digas eso. Si te pasara algo... yo... —Se queda mudo, no sabe cómo continuar, aunque piensa en decirle cosas que nunca antes había meditado decirle—. Eh, no llores, ¿vale? No quiero oírte llorar. Me partes el alma, amiga.

—Es que solo de pensar lo que me espera tan lejos de todo, de ustedes, de mi vida... —Davinia se deja caer sobre su cama, secando las lágrimas que brotan de sus ojos—. No quiero algo así, Álex.

—Aún queda tiempo, Davi —anima Álex, haciendo un esfuerzo por su amiga, aunque él también siente ganas de llorar, solo de imaginársela tan lejos. Es como si le arrancasen algo importante. ¿Realmente era tan importante en su vida? Ahora comienza a valorarlo, cuando lejos la siente—. Tienes que convencerlos. Tienes que darlo todo, pero no permitas que cumplan con su amenaza.

—Yo creo que tengo poco que hacer.

—No digas eso, joder —insiste Álex—. Puedes con esto y con más. Tienes que luchar y enfrentarles. Hacer algo para impedirlo.

—Lo he pensado todo, pero no se me ocurre nada. —Davinia suspira. Mira al techo—. Bueno, dejemos de hablar de mis desgracias. Cuéntame algo tú. ¿Qué tal sigue tu abuela?

—Pues... como siempre, Davi. —Álex se frota los ojos—. Aunque si te digo la que hizo ayer... no me crees. —Davinia se muestra interesada en saber. Cualquier cosa que la evada de su lucha diaria—. Se escapó de casa y llegó sola hasta el lago, que está bastante lejos de la casa.

—No te creo. ¿Cómo lo hizo? Con lo mayor que está y la enfermedad que padece...

—Creo que he dado con el motivo, Davi, —Álex sostiene esas cartas aún en su mano—, y es algo que ocurrió hace muchos años. Durante la guerra civil.

—¿En la guerra civil?

—Sí. Al parecer, y según he ido averiguando, mi abuela tuvo una aventura con un maestro al que ocultó en sus caballerizas, o eso creo —explica Álex—. Era un maestro republicano y lo buscaban para matarlo.

—¿Hablas en serio? —Davinia da un brinco de la cama, boquiabierta—. Pero, Álex, esa historia es una pasada.

—No tengo demasiados datos. Mi madre no quiere que indague en ellos porque, según ella, le hacen daño a mi abuela. Yo pienso distinto. Recordar ese hecho la hace feliz, como si de pronto, volviera a ser ella, aunque sea por un rato.

—Y, ¿qué piensas hacer?

—De momento no lo sé, pero quiero seguir dando pasos. —Álex sostiene aquellas cartas, con las que juguetea—. Lo que tengo claro es que me gustaría llegar hasta el final y saber qué pasó con ese maestro. Para ello tengo las cartas.

—¿Qué cartas?

—Unas cartas que le escribió durante años a mi abuela, desde Francia. —Álex despliega una de ellas—. Eran cartas llenas de amor, de ternura. Por cómo escribe, se ve que sentía algo muy especial por mi abuela. Ella las ha guardado siempre con cariño. Como el recuerdo de ese tal Eusebio.

—Si quieres puedo ayudarte, Álex. Aunque estemos lejos, siempre me tendrás aquí.

—Muchas gracias, Davi —sonríe Álex—. Siempre estás ahí.

—Como tú. Eres la única persona que me entiende, que me valora. En la única que puedo confiar. Así que, ahora que lo necesitas, te ayudaré.

—Primero, debo averiguar algo más acerca de Eusebio. Sus apellidos, no sé, alguna foto. Comenzaré a moverme. Creo que sé por dónde comenzar.

—Cuando sepas algo, me lo dices, Álex. Conozco a alguien que puede ayudarme a dar con él, pero necesitaremos más datos —añade Davinia.

—Ojalá siguiera vivo, Davi. —Álex se muestra cada vez más decidido—. De ser así, pienso ir a buscarle. Donde sea que esté. Pienso regalarle ese último rayo de luz a mi abuela. El rayo que nunca cesó para ella.

Y allí continuaron, al teléfono, durante un largo rato. Acomodados, distendidos. Afloran algunas carcajadas, ninguno quiere colgar. Están lejos, pero cerca se sienten. Al finalizar, Álex se queda tumbado, en aquel sofá, pensando en su amiga, una noche más. Cierra los ojos y viaja de nuevo a Madrid, al parque del Retiro más concretamente. Pasea, manos en los bolsillos, como acostumbra, con aquel jersey que tanto le gusta, grisáceo, como de igual color es la tarde que se dibuja en aquella escena. Dejando a un lado el estanque, donde algunas parejas montan en las barcas, sonrientes, frente a aquel monumento a Alfonso XII, camina a paso lento hacia el mismo destino de todas las tardes. Allí, sentada en el mismo banco, le espera Davinia. Está preciosa. Su sonrisa destella en aquel día que apunta a lluvia. Se miran. Se dan la mano y posteriormente un paseo, sin decirse nada. Solo sus miradas hablan. El tiempo parece congelarse, solo ellos caminan, ríen, disfrutan, viven cada rincón de aquel inmenso parque.

—Quisiera decirte algo, Davinia.

—Y yo, Álex.

Pero no es capaz de soltar aquello que en su corazón se atasca. Sus temblorosos labios no son capaces de pronunciar lo que tanto anhela gritar. Entonces, ve cómo la figura de su amiga se aleja. Sus manos se sueltan, ella flota, vuela lejos. Se despide de él, para siempre. Mientras que Álex, de rodillas, aprieta los puños y grita, impotente: «¡TE QUIERO, DAVINIA!».

Despierta sudoroso. Maldita pesadilla. Mira el reloj. Las cuatro de la madrugada. Qué silencio. Se frota los ojos. Toma aire y luego va a la cocina a acabar con las existencias de agua. «Ha sido una pesadilla», suspira. Se toca el pecho, a la altura de su corazón. «¿Qué me está pasando?», se pregunta.

12

En un barreño enorme, desnudo, Eusebio se lavaba. Mientras, Luz María preparaba algo de ropa que le ha llevado de su padre a escondidas de su madre. Estaba de espaldas a él, para no verle tal y como Dios lo trajo al mundo.

—Por cierto, Luz María, estaba riquísimo el pollo —dijo Eusebio, con tal de sacar algo de conversación y romper ese incómodo silencio—. No probaba un manjar así desde hacía tiempo.

—Es una de mis especialidades. —Luz María evitó mirar hacia donde él se encontraba dándose un baño—. Pensé... que te gustaría probarla.

—Tienes unas manos divinas —continuó Eusebio, poniéndose en pie. Desnudo, salió de aquel barreño y agarró una mugrosa toalla para cubrirse—. Espero que esa ropa que me has traído me esté bien. Si puedes, acércamela.

—Mejor, ven tú —propuso Luz María, que se alejó unos metros.

Eusebio se acercó hasta allí. Se terminó de secar y comenzó a vestirse. Observaba a Luz María con preocupación. Ella, de espaldas a él, nerviosa, cubriendo su mirada con las manos.

—Oye, sé que todo esto que haces... es algo que nunca tendré cómo pagarte. Pero, quiero que sepas, que nunca lo olvidaré. Eres la mujer más buena que conozco. Y no quiero que pases un mal trago. Que te sigas arriesgando por mí como lo haces. Sé que anoche casi nos descubren. Y, cada día que pasa, este riesgo que corremos crece. Por ello, quiero que sepas que he pensado en marcharme. Será pronto, te lo prometo.

—Es... una buena decisión por tu parte —asintió Luz María, rostro serio—. Pero debes saber hacia dónde quieres ir. Casi toda esta zona ya pertenece al ejército nacional. Ayer se lo oí decir a Borja.

—Me consta que hay algunos pueblos que resisten —apuntó Eusebio, ajustándose la camisa—. Es solo cuestión de llegar a uno de ellos y camuflarme con mis camaradas. Y, de alguna manera, ayudarles a avanzar antes de que sea tarde. Seguir escondido... es de cobarde.

—¿Hablas de unirte a la lucha? Pero si me decías el otro día que estabas en contra...

—Y lo estoy, Luz María. Pero... ¿qué otra nos queda? Esos malnacidos nos están matando y nosotros solo nos tenemos los unos a los otros. No nos va a quedar otra. Cuando antes lo asumamos, mejor.

—Deberás tener mucho cuidado —dijo Luz María, semblante serio.

—Lo tendré. —Eusebio se terminó de vestir—. Ya puedes volverte si quieres. Aunque, he de decirte, que esta vestimenta me hace parecer mayor.

Luz María se volvió despacio. Le miró, qué bien le sentaba aquel atuendo, ese pantalón gris y esa camisa blanca que tiempo atrás vistió su padre. ¿Le hacía mayor? ¿Y qué más daba? Lo importante era quitarse de una vez por todas aquella mugrosa ropa que casi se le pegaba al cuerpo del tiempo que hacía que la tenía. Sonrió, le ajustó el cuello de la camisa. Eusebio la miró, fijando sus verdosas pupilas en sus labios, los deseó, se contuvo, no supo por cuánto. Impulsivo.

—¿Vendrías conmigo?

—¿Cómo dices? —respondió Luz María, dando un paso atrás, pupilas temblorosas. Negó con la cabeza, algo sorprendida.

—¿Por qué no vienes conmigo? A mi lado serías feliz. Seríamos felices. Lejos de aquí —continuó Eusebio, acercándose a ella, acariciando su suave rostro. Luz María cerró los ojos, vibrando como nunca antes había vibrado.

—No sabes lo que dices, Eusebio. De sobra sabes que estoy prometida. Que pronto me casaré. Mi destino está escrito.

—Solo tú eres dueña de tu destino —insistió Eusebio, que se colocó a pocos milímetros.

Se miraron. El tiempo se detuvo. Eusebio acercó sus labios a los de Luz María. Pareció que los segundos se hacían horas. Casi se tocaron. Ojos cerrados, alientos cruzados, escalofríos que recorrieron sus erizados cuerpos. Luz María echó a correr antes de ello. Salió de las caballerizas a toda prisa, mientras que Eusebio se lamentaba, suspirando, imaginando aquel beso que nunca se consumó. Otra vez, junto al lago —de espaldas a aquel ciprés— se detuvo. Su cuerpo aún vibraba. Se tocó los labios, negó una y otra vez con la cabeza. Sus manos contra el pecho. Cerró los ojos. «Quiero a Borja. Tengo que quererle», dijo entre susurros. De nuevo, aquellos extraños crujidos entre las ramas. Algo asustada, se asomó y trató de seguir el rastro. Algo pareció camuflarse entre ellos. Pero alguien la sorprendió por detrás, agarrándola por la cintura. Tremendo brinco el que dio.

—Eh, que soy yo —dijo Borja, soltando una carcajada.

Al verle, aliviada, se abalanzó hacia él y le abrazó. Se miraron y le besó en los labios con una pasión con la que nunca lo había hecho. Era algo que necesitaba hacer, ¿quizás para obligarse a quererle? Borja aprovechó el momento para tratar de desnudarla, pero ella le frenó.

—Aún no.

—Cuando nos casemos, te voy a hacer la mujer más feliz del mundo —prometió Borja.

Se volvieron a fundir en un beso, en el que ella, alguna que otra vez, pensó en los labios de Eusebio. Algo que la desconcertó, pero se forzó para que sus ojos vieran a Borja.

Eusebio escribió otro poema. Acurrucado en una esquina, deslizaba la pluma sobre el papel.

Hoy sentí tus hermosos y cálidos labios
Cerca de los míos
En un beso querían fundirse
Mas tú, atrapada por el miedo a amar
Huiste a toda prisa, corazón encogido
Mi corazón te espera, mis labios te anhelan.

—¿Qué te parece, Galán? —Se acercó al caballo, acariciándolo con ternura, mientras meneaba la cabeza—. Lo sé. Te ha gustado.

Eusebio se dejó caer sobre aquel trozo de cartón. Colocó la espalda pegada a la pared y cerró los ojos. Pensó en Luz María.

—Huía para ocultarme de la muerte, para evitar que mi corazón dejase de latir, y ahora tú haces que mi corazón se sienta más vivo que nunca, aunque a veces, sienta que se detiene. Te has adueñado de él, preciosa mía. No era algo que esperaba, pero así es el amor, pura química. Te quiero, Luz María. Y haré todo cuanto esté en mi mano para que vengas conmigo. Porque sé que a mi lado serás feliz.

13

Por algún lado tocaba comenzar y fue su amigo del pueblo, Raimundo, quien le aconsejó que fuera a preguntar al alcalde, el señor Lorenzo Rojas quien, además, era familia suya, como casi todo el pueblo. Por ello, Álex se plantó en el ayuntamiento una mañana. Fue a su despacho, donde le esperaba. Hombre mayor, casi toda una vida en el cargo. Tras aquella mesa algo cascada, llena de papeles, se encuentra aquel barbudo señor, con ese sombrero que no se quitaba ni para dormir. A su lado, el bastón de mando.

—Bueno, joven, pues tú me dirás en qué puedo ayudarte —dice Lorenzo, voz ronca, mientras Álex se acerca para tomar asiento—. Tú eres nieto de Luz, ¿no? Y del general Sampedro, claro.

—Sí. Hijo de Sole, la más pequeña —responde Álex—. A mi abuelo, por desgracia, no llegué a conocerle. Aunque él a mí sí.

—Un gran hombre, tu abuelo. —Lorenzo ordena algunos papeles—. A la que hacía mucho tiempo que no veía era a tu madre. De pequeña, venía mucho a casa. Ella y mi hija Genoveva eran muy amigas. Se pasaban las tardes juntas. Ya me habían comentado que estaba por aquí cuidando de Luz. A ver si tengo un hueco y paso por casa a haceros una visita. Una faena lo suyo, ¿no?

—Sí, bueno. Pero, dentro de lo que cabe, está bien.

—Me alegro, la verdad, aunque el maldito Alzheimer es una enfermedad que la carga el demonio, joder. —Lorenzo agita levemente la cabeza. Luego, clava sus redondeados ojos que dormitan sobre enormes ojeras en los del chico—. Dale un beso muy fuerte de mi parte. Ella es una mujer muy querida aquí.

—Se lo daré, claro —asiente Álex, que se incorpora—. Verás, alcalde. El motivo de mi visita es porque necesito los datos de alguien. Alguien que estuvo en el pueblo hace años. Durante los años de la guerra, incluso antes.

—Necesitaría algún dato más concreto. En esa época, este pueblo no tenía nada que ver con lo que es ahora.

—Lo que le puedo decir es que se llamaba Eusebio y que era maestro de escuela. —Álex saca su libreta—. Que, según tengo entendido, marchó a Francia. Poco más sé.

—Ah, sí. Eusebio. Un gran maestro, sí señor. —Lorenzo se pone en pie y camina un poco por el despacho, con algo de dificultad. La artrosis lo está debilitando—. Fue maestro mío en la escuela. Y, a decir verdad, de los que más huella dejó en mí.

—Vaya, entonces sabe qué pasó con él.

—Solo sé que desapareció y nunca más supimos de él. Y fue una pena, porque luego llegó don Froilán, el cura de la iglesia. Y ese daba unos capones de miedo. Tenía un anillo más grande que su dedo. —Vuelve la mirada al joven—. ¿Dices que marchó a Francia?

—Es... lo poco que sé. O creo saber.

—Vaya. Yo pensaba que... —Se queda pensativo, frunciendo el ceño—. En fin... no tiene importancia.

—Entonces, ¿nada más se supo de Eusebio? —pregunta Álex, algo frustrado—. Ningún dato. ¿Nada?

—Hay rumores que dicen que murió. Otros que lo apresaron y otros, como tú, que dicen que marchó a Francia —responde Lorenzo, que vuelve a tomar asiento algo asfixiado, y eso que solo caminó un par de pasos, pero estaba bastante regordete—. La única realidad es que desapareció. Ya sabes. Durante la guerra, todos aquellos que no pensaban como ellos, si les pillaban, podían rezar todo lo que sabían. Y Eusebio era leal a sus ideas. Le gustaba pregonarlas a los cuatro vientos. Incluso en casa, mi madre de vez en cuando decía que, si seguía así, se buscaría un problema. Hasta se negó a que volviera a darme clases. Ahora que lo pienso... estaba metido en una asociación en el pueblo.

—¿Una asociación? —pregunta Álex, ceño fruncido.

—Sí. Una asociación que apoyaba al partido comunista de entonces, aglutinada dentro del famoso frente popular —recuerda Lorenzo—. Hay alguien que puede que sepa algo más que yo sobre Eusebio. Y es el presidente de aquella asociación. Aún vive y continúa en el pueblo. Eso sí. Vive algo alejado. Desde que regresó del exilio, nunca ha querido relacionarse con sus vecinos. Les considera unos traidores. Se llama Marcial Benot. Puedes ir y preguntarle, aunque siendo quien eres, debes andarte con cuidado.

—¿Por qué dice eso?

—Nada —sacudida leve con la cabeza de Lorenzo—, no me hagas caso. A veces digo cosas sin pensarlas.

Agradeciendo su ayuda al señor alcalde, abandona el despacho —no sin antes anotar ese nuevo nombre en su libreta— y camina a paso rápido hacia la dirección que le facilitó. Es una casa sencilla, con un huerto bien cuidado en la entrada. Allí está él, parece todo un chaval. ¿Qué importa la edad? Su amor por lo que hace es mucho más fuerte. Regar aquel huerto que vigila de manera asidua. Álex entra sin llamar y se acerca a él.

—¿Quién eres tú? —pregunta Marcial, poniéndole el rastrillo casi en el pecho para que no dé un paso más. Petrificado se queda—. Será mejor que te largues.

—Solo vengo a hacerle una consulta. Yo soy el nieto de Luz —se presenta Álex, a la vez que Marcial baja el rastrillo—. No le robaré demasiado tiempo.

—Tú dirás. Empieza a hablar.

—No pretendo hacerle nada, en serio. —El joven continúa algo asustado, sin perder de vista aquel rastrillo—. Solo quería preguntarle por alguien que perteneció a su asociación. Se trata de Eusebio.

—¿Qué quieres saber acerca de Eusebio? —pregunta Marcial, mirada fruncida, penetrante hacia lo más profundo de las jóvenes pupilas de Álex—. ¿Qué tienes tú que ver con él?

—Solo... quería saber unos datos. Es por una investigación que estoy haciendo sobre la guerra civil —responde Álex, con una excusa para escapar algo airoso.

—¿Para qué remover? —pregunta Marcial, tono cruel—. Un crio tan joven como tú no debería inmiscuirse en ciertas cosas del pasado, mucho menos en este pueblo cochambroso. ¿Sabes por qué vivo aquí? ¿Aislado? ¿Solo? Porque en ese pueblo donde vives, que no es el mío, solo hay gentuza, malnacidos que pronto nos vendieron, nos dieron la espalda.

—Bueno, es que... es algo del instituto, ¿sabe? Estamos estudiando ese hecho histórico y, claro... Me habían comentado que usted presidía una asociación que apoyaba al partido comunista o algo así aquí en el pueblo.

—Ven. Pasa dentro.

Juntos, se adentran en aquella casa maloliente, desordenada y muy sucia. Acceden al salón, donde guarda infinidad de documentos en una mugrosa carpeta que archiva en uno de sus muebles. De ella, saca una serie de documentos y alguna que otra foto, donde se aprecian las reuniones de dicha asociación. Sobre la pared, una bandera comunista con la hoz y el martillo da colorido al salón.

—En el año 1934 constituimos esta asociación con el fin de realizar una labor de información y oposición al gobierno del ayuntamiento que, por aquel entonces, gobernaba la CEDA. Por si te suena extraño, era como la derecha de entonces.

Este pueblo, en su mayoría, era analfabeto, vivía del campo, muchos habitantes eran trabajadores en grandes latifundios, sin apenas derechos y nuestra labor consistía en informarles, organizar huelgas y ayudarles a conseguir derechos más justos. Toda una labor de difusión con la que conseguimos, años después, que el Frente Popular ganase las elecciones en este pueblo. Nos costó mucho, pero logramos hacer entender a mucha gente la necesidad de votar a la izquierda en esos tiempos, gente que sí defendiese sus derechos. Pero llegó el 36'... y, cuando una columna de militares franquistas entró en el pueblo, los primeros a por quienes fueron fuimos nosotros. A mí me detuvieron y estuve a punto de ser fusilado, aunque me conmutaron la pena a perpetua. Me he tirado en la cárcel más de treinta años solo por pensar diferente, por querer ayudar a mis vecinos a darles un futuro esperanzador, y fueron ellos mismos quienes me dieron la espalda. Cuando regresé, gracias a la ley de amnistía, tenía claro que no quería volver a saber de ellos. Y, desde entonces, vivo aquí. Solo, con mi huerto y mis quehaceres —cuenta Marcial, que sostiene una foto—. Mira, aquí estamos los miembros de la asociación. Yo estoy en el centro, los demás que ves en la foto, cuatro de ellos, los de mi derecha, fueron ajusticiados al poco tiempo de ser apresados. Julio Domínguez, un abogado joven con tan solo veinticinco añitos, Serafín Márquez, escritor también joven, Manuel Suárez, periodista e investigador, solo contaba la verdad en un pequeño periódico y Armando Linares, un trabajador del campo que solo quería lo mejor para su familia. Ya me dirás tú qué mal hacían para ser ajusticiados.

—Fueron tiempos duros, según lo poco que conozco de esa parte de la historia —dice Álex, asintiendo con la cabeza—. Nuestro profesor nos cuenta que mucha gente murió asesinada y no se sabe dónde está.

—Pues como estos cuatro angelitos —aporta Marcial, mirada al frente, recordando, dientes apretados—. Acabarían en alguna cuneta, como perros. Ni sus familias saben dónde están. Todo lo que ahora se cuente no se asemejará nunca a la realidad que nos tocó vivir.

—¿Quién es Eusebio en esta foto?

—El que está a mi izquierda, justo a mi lado —responde Marcial, señalando a ese joven de sonrisa perenne—. Él era maestro en la escuela del pueblo. Muy bueno, por cierto. A su lado, está el doctor Imanol Zurriaga. Él nos ayudaba en secreto, aunque... tampoco se libró de la ira de los militares. Ambos fueron los únicos de los que nada supe. Eusebio huyó, o algo me contaron, pero de Imanol no tuve noticias. Quiero suponer que corrió mejor suerte que los otros cuatro.

—Eusebio, ¿era del pueblo?

—No, qué va. Venía del norte. Eso sí es algo que puedo confirmarte. Llevaba ya un par de años destinado aquí. Sus alumnos estaban entusiasmados con él. Y en las reuniones de la asociación, cada vez que le tocaba el turno de palabra, nos dejaba a todos embaucados. Tenía grandes ideas, buena oratoria y mucho talante.

—¿Qué más datos me puede aportar? —pregunta Álex, que no deja de anotar en su libreta.

—No sé, chico. Lo más que puedo es dejarte esto —responde Marcial, facilitándole unos extraños documentos—. Son las actas de nuestras reuniones. Aquí aparece su nombre completo.

—Eusebio Lagares Ramos —lee Álex, apuntando su nombre en la libreta—. Supongo que, con esto, me valdrá.

—Lamento no serte de más ayuda, joven.

—Creo que, con esto, tengo un primer paso dado. —Álex dibuja una medio sonrisa, conformista—. Gracias por todo, señor Marcial. Me ha sido de gran ayuda conocer un poco de la historia de esa asociación.

—Lo dicho, joven. No trates de perder el tiempo removiendo. No es bueno ir por ahí con ciertas preguntas. Mucho menos en ese pueblo de traidores.

—Lo tendré en cuenta —asiente Álex—. Por cierto, cuando le he dicho que era el nieto de Luz, ha accedido a escucharme. ¿Conocía usted a mi abuela?

—Claro que la conocía. Era una de las mujeres más hermosas del pueblo. Tengo que reconocer que, a mí, me llegó a robar el corazón. Pero se casó con ese fascista. Ese teniente que dirigió el asalto al pueblo, quien ordenó que me detuvieran y quien ordenó fusilar a todos estos que te he dicho antes. Tu abuelo, de joven, fue un criminal. Ni compasión tuvo con el bueno de Arturo, el alcalde, a quien torturó hasta la muerte. —Mira al chico, que le oye, ceño fruncido—. Lamento decírtelo así, pero es la verdad. Y lo peor es que murió en su cama, viviendo una vida próspera, premiado por destruir su propio país, mientras otros nos pudrimos en la cárcel. Pero tú no eres él. Y no debes pagar por cosas que no has hecho. No tienes culpa de ser nieto de quien eres. Espero que esa información te sirva para esa... investigación. Ahora, si me disculpas, tengo cosas que hacer.

Pensativo, cabizbajo y algo marcado por aquellas últimas palabras que le dedicó aquel anciano luchador por la libertad, marcha de sus dominios, mientras le dedica una última mirada desde su huerto, profundo suspiro.

Y es que fueron directas a su adolescente corazón, tan sensible. De su abuelo Borja tiene pocos recuerdos, ya que murió cuando apenas tenía cinco años, pero conserva fotos junto a él cuando nació, en su bautizo o dando sus primeros pasos. Las recuerda, a su lado, sonriente, orgulloso del nieto que sujetaba en sus manos. Su madre le contó que era el nieto de sus ojos, al que más quería, que la baba se le caía. ¿Cómo era posible que fuera un criminal como bien decía Marcial? Con esa cruel mirada, llena de odio y dolor, penetrando en él de una abrumadora manera. Tantos años después. Un sentimiento que no cesa. Una brecha que, perpetua, continúa en su dolorido corazón, marcado por crueles años de sufrimiento, decaído, roto por la soledad que le aborda, alejado de cuanto amaba.

14

Regresó de nuevo a las caballerizas Luz María. Esta vez no lo hizo para llevarle nada de cenar especial, sino para decirle a Eusebio que lo mejor era que se marchase, sin esperar ni un día ni una noche más. Era el mejor momento para hacerlo, había poco movimiento en las calles del pueblo y los militares que las custodiaban eran pocos. Pero cuando llegó, se lo encontró acurrucado, tumbado sobre aquellos mugrosos cartones, tapado con una manta que la misma Luz María le sacó, algo sucia. Tiritaba, tosía, sudaba. Apenas podía abrir los ojos. Se acercó a él, cerrando la puerta con sigilo, cerciorándose que nadie se aproximaba a las caballerizas.

—Eusebio, ¿qué te ocurre?

Una mueca de preocupación recorrió su rostro de lado a lado. Su ceño se frunció.

—Luz María, mi ángel —respondió Eusebio, sin controlar lo que de su boca salía, temblorosos sus labios.

—Dios mío. Estás ardiendo —Luz María pasó su mano por la frente del maestro—. Hay que hacer algo, Eusebio. Tienes mucha fiebre.

—No —Eusebio agarró las manos de la joven, haciendo un esfuerzo por incorporarse, incluso por abrir sus ojos. Su rostro pálido, apagado y cansado; suspiró, trató de tomar aire entre tos y tos—. Quédate aquí, conmigo. A mi lado. Aunque solo sea un rato, por favor.

—¿No entiendes que si no te ve un médico puedes ponerte peor?

—Por favor, Luz María. Abrázame, te necesito cerca.

Ambos se miraron. Luz María miró al vacío, suspiró y volvió a mirarle. Accedió a sus peticiones. Abrazados, él dormitó sobre su pecho, y ella sintió cómo sus aceleradas pulsaciones le hacían vibrar. Temblorosa, acarició su cabellera con mimo, admiró su rostro dormido, anhelaba besarlo. Se lo prohibió. Volvió a mirarlo. Mucho tiempo sin reaccionar. Algo no iba bien. Trató de despertarle, pero no reaccionó. Tenía que hacer algo. Sus manos cubrieron su rostro, casi echó a llorar. Sin pensarlo dos veces, movida por un impulso, echó a correr y acudió a casa del doctor Imanol Zurriaga, que vivía un par de calles por detrás de las caballerizas. ¿Qué importaba que descubriese al joven maestro oculto en las caballerizas del Nani? Ya pensaría en algo para hacerle callar. No era el momento de dudar.

Cuando se disponía a cruzar, un militar pasó por esa calle, justo en ese preciso instante, hacía el turno de vigilancia. Entonces, Luz María se ocultó, trató de contener la respiración, mientras pasaba de largo sin descubrirla. Continuó su camino a paso lento. Él ya no podía verla, pues estaba de espaldas y caminaba en dirección opuesta. De pronto, alguien llamó la atención de aquel militar, una voz que procedía del lado opuesto de la calle, hacia el que caminaba Luz María que, de nuevo, tuvo que ocultarse tras un estrechísimo callejón. Era Paul quien daba nuevas instrucciones a ese soldado. Inspeccionó con aquella mirada vacilona el resto de la calle y prosiguió su camino. Cerciorándose que, por fin, la abandonaban, continuó Luz María a toda prisa. Ya estaba cerca. Necesitaba dar con el doctor.

Llamó a su puerta. Tardó en abrir, hasta que se percató de quién estaba al otro lado de la puerta. Rostro adormilado, oteó su vista a todo rincón de aquella oscura calle. El doctor Zurriaga era alto, con el cabello acaracolado y rostro serio, como era normal en la gente del norte.

—¿Qué hace aquí, señorita Luz? ¿Le ha pasado algo a su padre?

—No, no es por mi padre —respondió Luz María, tono de preocupación, casi le falta el aire—. Doctor, necesito que me acompañe. Es... un asunto personal. Si no hace algo, puede morir.

—Pero ¿de quién se trata?

—Doctor, está muy mal. Necesito que me acompañe a las caballerizas, por favor se lo pido —insistió Luz María, tirando de su brazo—. No pregunte nada. Le pido que sea un secreto entre nosotros. Por los años que hace que nos conocemos.

—Pero, mujer, tranquilícese. Está muy alterada —aconsejó Imanol—. Le ayudaré, pero necesito que me cuente qué es lo que pasa.

—Tiene mucha fiebre, doctor. Se ha desmayado —repitió una y otra vez Luz María, sobresaltada.

—Está bien. Vamos. Pero al menos permítame entrar a coger mi maletín —pidió Imanol, que accedió a su casa a cogerlo y luego ambos salieron—. Debemos caminar con cuidado. A estas horas, esta calle está llena de militares.

—Lo sé. He logrado despistar a algunos que han ido calle arriba.

—Entonces, tardarán en venir de nuevo por aquí. Cuanto más nos apresuremos, antes llegaremos a las caballerizas sin ser descubiertos —susurró Imanol.

Ambos caminaron por aquellas oscuras calles fantasmas. Lo hicieron a paso rápido, pero sin armar demasiado revuelo. Cuidándose de ser vistos por los militares que las custodiaban.

15

Nada más llegar a casa de su abuela —y cuidando de no ser visto por Sole—, telefonea a su amiga Davinia, aun a riesgo de que al otro lado contestasen sus padres. Pero era ella. Su dulce voz allí estaba, como si le esperase. Le facilita los datos de aquel maestro, Eusebio, y ella le promete decirle algo en la noche. ¿Cómo lo haría? Poco le importaba a Álex. Sonríe, aliviado porque pronto llegaría hasta ese enigmático profesor cuyo recuerdo irradiaba felicidad a su pobre abuela. ¿Y qué hacer hasta que la luz del sol cayese y el teléfono volviese a sonar? Álex sube al altillo, rostro serio. Aquellas crudas palabras de Marcial habían ahondado en su joven corazón. En sus oídos aún retumba aquello de «tu abuelo, de joven, fue un criminal», algo que se repite. Esa voz grave, llena de ira, como esa mirada con la que le apuntó cuando se lo soltó. Decidido, abre aquella caja donde guarda sus atuendos militares. Allí están sus uniformes, sus medallas, reconocimientos, todos impolutos, como si el tiempo no hubiese pasado por ellos. Unos galones que se ganó gracias a su rectitud. Y es que el recuerdo vago que tiene de él era el que su madre le contó. Un señor muy disciplinado, como buen militar, que educó con mano firme a sus hijos y que valoraba a la familia por encima de todo, pero si había algo que pusiera por encima, esos eran la patria y Dios. Álex sostiene un retrato suyo, de su juventud, cuando fue nombrado teniente. El pie de foto fecha 1936. Una foto tomada pocos días antes del inicio de la guerra civil. Semblante serio, portaba su fusil con orgullo. «Qué diferencia entre los jóvenes de aquellos años y los actuales», piensa Álex, meneando la cabeza. «Tu abuelo, de joven, fue un criminal», vuelve a retumbar en sus oídos. Deja la foto en aquella caja, junto al resto de sus pertenencias. «¿Yo, el nieto de un asesino?», murmura Álex, entre resoplos.

Durante la cena, no quiere cruzar palabra con Sole, no sabe cómo hacerlo. Apenas tiene apetito. Echa una mirada en rededor. Una casa enorme. La casa del general, como en el pueblo la llaman. ¿La casa de un asesino?

Al fin el teléfono suena. Davinia trae noticias frescas.

—Resulta que ese tal Eusebio fue profesor durante muchos años en Salamanca, tras su regreso del exilio en Francia. Ahora está jubilado y vive en un pueblo de Cantabria, llamado Miengo —cuenta, mientras mira un papel donde tiene apuntados los datos.

—Vaya, ¿cómo has logrado conseguir esa información? —pregunta un sorprendido y sonriente Álex.

—Una que tiene sus truquitos —responde Davinia, tono vacilón, alegre—. Nada. Ya sabes. He aprovechado algunos contactos de mi padre. De algo debe servir que sea abogado. Y de los buenos. Será lo único en lo que es bueno...

—Davinia, no sabes cuánto te agradezco tu ayuda, de veras —profundo suspiro—. Sin ti, no habría sido capaz de llegar tan lejos.

—Bueno, ya sabes que puedes contar conmigo para todo —Álex sonríe al otro lado del teléfono—. Además, solo he completado una pieza del puzle. El que se la ha jugado has sido tú.

—¿Jugármela?

—Imagínate que a ese loco le da por hacerte daño —dice Davinia, en referencia a Marcial—. Esa guerra fue espantosa, Álex. Mis abuelos nunca hablan de ella porque dicen que les causa mucho dolor. En ella, perdieron a mucha gente querida.

—Nunca pensé que corría peligro en esa casa, hasta que dijo aquello de mi abuelo... —Aquella frase vuelve a planear ante sus ojos, como aquella cruel mirada—. En ese momento, sentí como un temblor en las piernas y una sensación tan extraña... Como si tuviera ganas de echar a correr. Sin embargo, me mantuve firme.

—Fuiste un valiente. —Los ojos de Álex se iluminan oyendo cómo su amiga le piropea. Ella, al otro lado, se muerde el labio inferior—. Esos son los genes de tu abuelo.

Ambos ríen a carcajadas.

—Bueno, Álex, ahora que sabes del paradero de ese maestro, ¿qué piensas hacer?

—Te va a parecer una locura, pero pienso ir en su búsqueda —responde Álex, convencido.

—¿En serio? Pero ¿cómo vas a hacerlo? ¿Vas a ir solo?

—No tengo otra elección, Davi —insiste Álex, mientras alza la mirada y aprecia cómo su madre ayuda a su abuela a subir las escaleras. Ella le dedica una sonrisa, que él le devuelve con cariño—. Es la última opción de volver a unirles antes de que mi abuela... bueno... lo olvide todo.

—Pero no sabes si aún vive, si estará bien de salud como para viajar tantos kilómetros. Todo sin contar la opinión de su familia...

—Me acabas de decir que vive en ese pueblo. Seguro que lo conocen. Al menos, debo intentarlo.

—Sí, te lo he dicho, pero no me han confirmado su estado actual de salud, ni nada referente a su vida a día de hoy —aclara Davinia—. ¿No crees que es demasiado arriesgado? ¿Qué dirá tu madre? ¿Vas a dejarla sola?

—¿Mi madre? Ella se tira las horas pendiente de mi abuela, así que sabrá defenderse sin mí. No pienso decirle nada. No lo entenderá. Pero yo necesito hacerlo, Davinia. Por mi abuela, ¿me entiendes? —insiste Álex.

—No te engañes, Álex. Esto lo haces por ti. Y créeme que te entiendo, amigo. Sé lo mal que lo debes estar pasando y las ganas que tienes de salir de allí, pero creo que esta vez te precipitas —apuntilla Davinia, provocando un profundo silencio entre ambos, cada uno sin despegarse del auricular. Su tono es de preocupación por su amigo, algo que él valora.

—Ya está decidido, Davi. Me marcho mañana mismo —sentencia Álex.

Davinia sigue picando piedra, tratando de convencerle, pero ya no quiere escucharla mucho más. Así que cuelga el teléfono, deseándole que pase una buena noche, algo que le hace sentirse mal consigo mismo, pues ha sido algo grosero con su amiga, la que le ha puesto sobre la pista de ese maestro. Siempre ella. Su complemento perfecto. Pero si hay algo que Álex odia es que le hagan cambiar de parecer cuando se ha lanzado a por algo con suma decisión. Se pone en pie y camina rumbo hacia la habitación de Luz María. Aunque está tumbada sobre su cama, mantiene los ojos bien abiertos, como platos.

—¡Eusebio, eres tú! —Vuelve a las andadas—. Qué guapo eres.

—Abuela, te prometo que volverás a ver a Eusebio. Voy a traerle. Le hablaré de ti y le contaré lo mucho que le has echado de menos estos años, cómo guardas sus cosas con ese cariño, cómo aún le nombras. Me cueste lo que me cueste. Voy a darlo todo.

Luz María asiente levemente y, luego, duerme. Álex le besa en la frente y marcha a la habitación donde se aloja. Allí, sentado sobre la cama, aquella noche decide abrir aquella caja de metal. Saca las cartas, aquel libro de poemas de Miguel Hernández y aquellas poesías que su abuela guardaba con tanto cariño. Piensa en llevarlas a Eusebio, por si tampoco recuerda quién era Luz María. Han pasado muchos años. Ha leído todas las cartas, aunque la que más veces relee es una que vuelve aquella noche a sus manos.

Querida Luz María

Hoy te escribo desde la frontera con Francia. Al fin logré pasar. Han sido días duros. Días de huidas y vivir escondido, una vez más. Gracias a un camarada camionero que tuvo la osadía de ocultarme en su camión, donde pasé días y noches, solo, entre animales sacrificados camino de un matadero, helado.

Hoy por fin respiro libertad, aunque no sea esta mi patria, a la que tanto añoro. Hoy no temo los fusiles que me siguen, las balas que anhelan atraparme. Hoy vuelvo a sentirme yo mismo. Y es una sensación extraña, no termino de acostumbrarme. Aún temo cuando algún agente de la gendarmería se me acerca. Aquí todo es tan diferente.

Muchos creen que huyo, cuando lo que realmente hago es salvar la vida, como otros tantos compatriotas. Desde aquí, pienso seguir luchando por la libertad que nos pertenece y que espero volver a recuperar algún día. Así como volver a encontrarnos, a vernos. Aunque sea para amarnos como nos amamos una vez. Tan solo una vez más.

Te quiero

Eusebio.

Sole asoma por la puerta, que entreabierta queda cada noche. Al verla, Álex cubre aquellas cartas con una sábana, soportando el calor, que poco puede disimular con esos chorreones de sudor que asoman por su frente.

—¿Aún despierto? —pregunta Sole.

—Bueno, es que... es difícil dormir con este calor, ya sabes.

—Sobre todo, si te tapas como si fuera invierno —dice Sole, señalando aquella sábana con la que cubre su cuerpo (con la que oculta las cartas de su abuela)—. Te estás poniendo como un tomate.

—Oye, mamá —le llama la atención de nuevo Álex, evitando que prosiguiera su camino hacia su habitación. Se vuelve de nuevo a su hijo—. ¿Es... cierto que el abuelo fue un asesino?

—¿Cómo dices? ¿Quién te ha dicho eso?

—Eso... no importa, mamá —contesta Álex, ojos cristalinos—. ¿Lo fue?

—Tu abuelo fue un gran militar, condecorado en muchas ocasiones. Un gran servidor a su país. Lo amaba como pocos.

—Eso lo sé, pero... ¿a costa de matar a otras personas? —Un incómodo silencio se hace entre ambos—. Cuando la guerra, él entró en este pueblo ordenando matar a otros, ¿no es así?

—Hijo, no quiero que hables así de tu abuelo, ¿me oyes? —advierte Sole, acercándose a él, rostro serio—. Tu abuelo hizo lo que otros le ordenaron. Seguro que muchas de las cosas que hizo no las aprobaba, pero no tenía elección. Él siempre fue un buen hombre y un gran padre para todos. No sé por qué me preguntas esto, hijo, pero si alguien de este pueblo osa hablar mal de tu abuelo, no agaches la cabeza. Muéstrate orgulloso de él.

—Lo tendré en cuenta, mamá —asiente Álex, sorprendido por la energía que desprendían aquellas palabras de su madre, lo cual le reconfortaba.

—Este pueblo siempre ha sido así. Lleno de gente con mucho rencor. ¿Sabes una cosa? En casa nunca se habló de la maldita guerra. Fue un tema que tanto tu abuelo como tu abuela enterraron —continúa Sole—. Aquí pasaron cosas horribles, como en todos sitios. Y claro que hubo muertes, y gente inocente presa, pero no solo de un bando, sino de ambos. Y... a tu abuelo le tocó formar parte de uno. Así es el destino, a veces. Un día eres vecino y al siguiente te conviertes en el verdugo de ellos.

Sole besa a su hijo en la mejilla y le da las buenas noches, como cuando era pequeño. Ese gesto pilla por sorpresa a un Álex que mira a su madre con ternura. «Si supiera lo que estoy a punto de hacer... espero que me perdone. Pero cuando me vea regresar con el gran amor de la abuela, seguro que sonríe de una vez. Porque ya le toca. En el fondo, también lo hago por ella. Porque la felicidad de su madre, de mi abuela, será la suya. Y ya se merece una alegría. Han sido tiempos duros».

Otra noche más sin poder conciliar el sueño. Los nervios de una nueva aventura que está a punto de comenzar le hacen vibrar. Esa inquietud, miedo, emoción y expectación hicieron que las horas pasaran volando. Ha llegado el momento de unir dos corazones que los fusiles de una guerra entre hermanos separaron.

16

Una inyección que parece que le hizo reaccionar, aunque débil permanecía, lo mejor era que durmiese. El doctor Zurriaga, si por algo era conocido en ese pueblo era por ser un gran médico, cercano y que sabía bastante de remedios naturales para curar. Había llegado hacía cinco años de vascongadas (lo que ahora conocemos como País Vasco) en busca de aventuras nuevas.

—No tiene de qué preocuparse, es solo una mala gripe. El problema es que, al dormir en el suelo, se le ha agravado. Se ha enfriado y ha ido a peor —explicó, a la vez que cerró su maletín, no sin antes sacar del mismo unas medicinas—. Tome. Dele una de estas mañana cuando despierte para evitar que la fiebre vuelva a subir.

—¿Está seguro de que solo es eso? —preguntó Luz María, algo angustiada aún—. Cuando se ha desmayado, yo... no sé qué se me ha pasado por la cabeza.

—Tranquila, es normal cuando la temperatura sube más de lo normal. Lo he inspeccionado y se encuentra en perfecto estado. Solo debe descansar y, a ser posible, hacerlo en un lugar algo más cómodo. Pero, claro, me hago cargo de la situación.

—Por eso no podía decirle nada, doctor —se justificó Luz María—. Él vino a mí, huyendo de los militares. No me dejó otra opción. Solo espero... que no diga nada. Hágalo por mí, doctor.

—No se preocupe, señorita Luz. —Imanol meneó la cabeza, haciendo un gesto como si restara importancia a su súplica—.

Nunca delataría a un camarada como Eusebio. Ahora que lo veo, me tranquiliza saber que se encuentra a salvo.

—Doctor, ¿usted también...?

—Nadie en el pueblo lo sabe... y así debe ser —contestó Imanol, en voz baja, pidiendo silencio a Luz María, que asintió—. Lo que está pasando en este país es una completa locura. Y, en este pueblo, han arrasado con todo lo que han podido y no creo que se detengan. Eusebio es un firme defensor de la libertad. Siempre lo ha sido. Y un gran orador. Me gustaría que, para cualquier cosa que necesite, cuente conmigo.

—Se lo agradezco, doctor. Podría empezar, no sé, por traerme algo para que esta noche pueda dormir bien. Aquí en las caballerizas no tengo nada. Y en casa, mi madre tiene la ropa contada una a una.

—Eso está hecho —afirmó Imanol, que se dispuso a marcharse—. Acompáñeme y se lo doy.

Ambos salieron de las caballerizas. Eusebio dormía en su ya famoso rincón como un lirón. Los sudores cesaban, la respiración era controlada y la tos desaparecía, aunque su débil cuerpo apenas se meneaba. Caminando con algo de cuidado por las calles, una vez más, esta vez no pudieron evitar darse de bruces con dos militares quienes les dieron el alto y apuntaron con sus fusiles, pidiéndoles explicaciones sobre su presencia en las calles del pueblo a esas horas tardías.

—Es que... se me ha puesto un caballo enfermo y el doctor me estaba ayudando. —Soltó Luz María lo primero que se le ocurre.

—Sí. Así es —acompañó Imanol, voz algo temblorosa.

—Bajen las armas, señores —ordenó Paul, que apareció tras ellos. Acataron dicha orden. Miró a Luz María—. Vaya, tú otra vez. ¿Por qué siempre te pillo a estas horas tan oscuras caminando como si nada de esto fuera contigo? Aunque hoy... te veo bien acompañada. ¿Sabrá tu prometido que le engañas?

—¡No mientas! —exclamó Luz María, tono seco—. El doctor ha venido a ayudarme a curar a un caballo enfermo. He tenido que salir por una urgencia.

—Vaya, un doctor que también sabe de animales. —Paul volvió su mirada hacia Imanol, quien miró al vacío—. Y, ¿cómo está el caballo?

—Gracias a Dios, ya está mejor. Ahora, por favor, si nos disculpa, tenemos prisa.

—¿Prisa? Yo quiero ver a ese caballo —dijo Paul, rostro serio, clavando su agria mirada en Luz María, cuyos apretados labios vibraban.

—No es posible —intervino Imanol. Paul ahora volvió aquella violenta mirada contra él—. Tiene... una enfermedad que puede ser muy contagiosa en humanos. Hasta que se le pasen los efectos de la medicación que le he dado, nadie puede acercarse.

—¿Y vosotros? Malditos irresponsables. Vamos. Largaos de aquí, no vaya a ser que me infectéis. Ah, y no quiero volver a veros por las noches caminando por aquí, porque no responderé de mis actos. Poco me importa que seas la prometida de mi superior.

Caminaron a paso rápido. Luz María felicitó a Imanol por aquella maniobra para librarse de un Paul que se quedó, junto con los otros militares, cubriéndose la boca, pensando que podían haberse contagiado de un virus que, en realidad, no existía. Tal y como habían hablado, Imanol le cedió unas mantas mucho más cómodas y gruesas que Luz María llevó a las caballerizas, con las cuales cubrió el débil cuerpo de Eusebio. Se pasó los minutos sentada a su lado, preocupada, mientras lo observaba. Hablaba en sueños, mencionaba su nombre, sonreía al hacerlo. No quería dejarlo solo. A su lado, se echó un sueñecito que duró hasta las siete de la mañana, hora en la que regresó a casa, cerciorándose de que Eusebio aún dormía. Llegó, caminando por las calles mientras el alba se abría camino anunciando un nuevo amanecer. Aún nadie había despertado. Se quitó los zapatos y descalza subió las escaleras hacia su habitación, donde se dejó caer sobre su cama hasta que su madre la despertó, pasados unos minutos, para que la ayudara en sus quehaceres.

Sin terminar un día, comenzó uno nuevo y no veía el momento de regresar a las caballerizas. Mientras la mañana doraba con los rayos de sol un pueblo ensombrecido, ella limpiaba los rincones de la casa, remangada, mientras tarareaba una canción, con los ojos cerrados, visualizando el rostro de ese maestro que llegó a su vida para ponerla patas arriba. Suspiró. «Solo puede ser una bonita historia». En su cabeza, solo estaba Eusebio. ¿Y en su corazón?

17

«Mamá, cuando leas esta nota, yo ya estaré lejos. He seguido la pista de ese tal Eusebio. Leí las cartas que le escribió a la abuela. Sé que es invadir su intimidad, pero su contenido me ha hecho darme cuenta de que, entre ellos, hubo algo especial. Me gustaría encontrarle y decirle que la abuela nunca le olvidó y, si es posible, traerle para que vuelvan a verse. Sé que cuando llegues a esta línea, estarás algo enfadada conmigo. Solo espero que me entiendas. Quiero cerrar este círculo antes de que la abuela se olvide de todo cuanto amó en su vida. Que vuelva a ser feliz, aunque esa felicidad dure poco en su cabeza. Que vuelvan a iluminarse sus ojos, aunque sea por un rato. Habrá valido la pena este viaje. No trates de buscarme. Lo siento mucho».

Recuerda estas letras Álex, camino de Santander. Admira el paisaje que deja atrás. Se preparó una mochila con lo justo y necesario, un poco de dinero que tenía ahorrado en una hucha y marchó bien temprano para pillar el primer bus que en la ciudad le dejó. En sus manos, aquella caja de metal, de la cual no se separa. Poca gente le hace compañía en ese viaje. Mira el reloj, aún le quedan algo más de seis horas.

—Si pensabas que iba a abandonarte en tu empeño de cometer locuras, es que aún no me conoces —sorprende Davinia, que toma asiento a su lado, despojándose de su mochila, la cual coloca entre sus piernas.

—Davinia, ¿qué haces aquí? —pregunta un sorprendido Álex, que no puede evitar recibir con afecto ese caluroso abrazo de su amiga, que le hace vibrar.

—Pues, ¿qué voy a hacer si no? Acompañarte en este viaje. Sin mí, no llegarías ni a la mitad del camino, asúmelo —bromea Davinia, soltando una sonrisa.

—Lo que no entiendo es cómo has adivinado que estaría en este bus y que lo pillaría a esta hora.

—Sabía que viajarías en bus. Entonces, me informé cuál era el primero a Santander para hoy y me saqué un billete. Subí cuando paró en Madrid, pero no quise decirte nada, para que no me vinieras con la cantinela de que esto es algo que tienes que hacer tú y que no quieres que nadie más lo haga. Si quieres discutirme, puedes hacerlo, pero ahora, que no hay marcha atrás.

—Estás como una regadera —le espeta Álex, negando con la cabeza—. ¿Qué le has dicho a tus padres?

—¿Mis padres? Que les den a mis padres —responde Davinia, tono firme—. He cogido lo que tenía ahorrado y me he marchado dando un portazo, sin decir nada. Ahora, que me busquen. A ver si así aprenden a no salirse siempre con la suya.

—Pero ¿ni siquiera una nota? —Se encoge de hombros Álex—. Es lo que he hecho yo.

—Nada, que se machaquen la cabeza —aclara Davinia. Ambos se miran, durante unos segundos. Ríen a carcajadas—. Bueno, cuéntame. ¿Cuál es el plan?

—Pues el que te conté por teléfono —responde Álex, mirando hacia la caja que sostiene en sus manos—. Llegar hasta ese pueblo donde habita Eusebio y esperar que continúe con vida. Algo me dice que sí.

—¿Y esa caja?

—Es la caja que mi abuela guardaba con cosas de ese tal Eusebio. —La abre Álex, dejando que su amiga hurgue en ella, mientras él la mira. Qué bella está. Sus ojos relucen. Como si no la viese desde hacía un siglo. Siente cómo el pulso le vibra y casi se le escurre aquella caja—. Como puedes ver, esas son las cartas que, durante años, él le escribió, además de algunos poemas y escritos que ella practicaba. Parece que fue él quien la enseñó.

—Vaya, son preciosas —dice Davinia, admirando el contenido de algunas de ellas—. Es increíble cómo el amor puede perpetuarse pese a la distancia y el tiempo.

—Leyéndolas, no me cabe duda que entre ellos algo pasó, que no duró demasiado, pero se amaron como nunca.

—Cuando el amor es verdadero, poco importa lo que dure. La huella que deja es infinita —reflexiona Davinia, mirando a Álex, que también la mira, corazón encogido, le falta la respiración—. Y se ve que ellos se amaron. Y aún hoy se siguen amando.

—En el caso de mi abuela, lo tengo claro. Cuando habla de Eusebio, cuando me ve en él, sus ojos brillan de una manera que nunca antes le vi. Pero, quizás él ya se olvidó.

—Me temo que no —asegura Davinia, señalando aquellas cartas que sostiene—. En estas cartas se le ve muy enamorado. Esto es algo que siempre permanece en el corazón.

—Me conformo con que aún se acuerde de ella.

—Ya verás cómo sí —anima Davinia, dando un achuchón a su amigo, que da un respingo, algo sobresaltado—. Oye, perdóname. No sabía que te molestase.

—No es eso, Davi. —Menea su cabeza Álex, que la mira con ternura—. Es que... bah. No es nada.

—Fíjate en esta carta. —Davinia agarra una de las tantas que se amontonan en aquella caja. Se la muestra a Álex, que la lee. En ella, Eusebio rememora el aniversario en el que ambos se conocieron—. ¿No es precioso?

—Aún recuerdo el día que llegué a esas caballerizas, donde me cobijaste con cariño. Ese día, al verte por primera vez, supe que

serías la mujer de mi vida. Solo deseaba conquistarte, ganarme tu corazón y huir juntos para ser felices —lee Álex una de esas estrofas. Luego, mira a Davinia, que sonríe mirando el papel. Su corazón late desbocado—. Es... precioso, ¿verdad?

—Mucho. —Davinia se fija ahora en una parte de la carta, al final, que lee—: *Recuerdo aquella noche, cómo llovía. Nos tuvimos que decir adiós, testigo aquel ciprés solitario de nuestro cruel secreto, de nuestro profundo amor prohibido.* —Mira a Álex, ceño fruncido—. ¿Es el ciprés del que me hablaste la otra noche? ¿Donde encontraste a tu abuela cuando escapó?

—Es... el único que hay en el pueblo, y lleva allí cientos de años —contesta Álex, que recuerda aquella escena, y a su abuela diciendo algo que le reconcome en la cabeza: «Le hemos matado. Nos descubrió. Le hemos matado. Llueve...». La lluvia aparece en esas cartas, fiel testigo de aquel enigma—. Algo ocurrió en aquel lugar. Un secreto que aún perdura en su corazón.

—¿Un secreto? Se referirá al amor que sentía el uno por el otro. —Enternece su mirada Davinia—. Un amor imposible.

El camino prosigue. La noche está a punto de caer. Se entretienen releyendo las cartas, o aquel poemario de Miguel Hernández, mientras dejan atrás sus vidas. Álex no pierde ocasión de admirar a su amiga, mientras ella le busca con los ojos cuando él los pierde a través del cristal. Es como si quisieran decirse algo, pero ninguno fuera capaz. En aquellas cartas, encuentran algo que aflora en sus juveniles corazones, algo que no creían vivo, pero que brillaba como una estrella fugaz al penetrar en la atmósfera.

18

De sueño se caía Luz María. Aquella noche apenas pudo pegar ojo. Una vez terminó sus tareas, corrió a las caballerizas para saber de Eusebio. Ya estaba en pie, peinando a los caballos y dándoles de beber.

—Eusebio, ¿qué tal te encuentras? —respiró algo aliviada Luz María, acercándose sonriente al verle recuperado.

—Mucho mejor, la verdad. Ya apenas noto nada —respondió Eusebio, acariciando el lomo de aquel caballo blanco. Capitán se llamaba—. Lo que me pinchó el doctor fue mano de santo.

—No tuve elección —se justificó Luz María, manos entrelazadas, algo inquieta—. Te desmayaste. Me vi desbordada en ese momento. Pensé que algo malo te había pasado.

—Hiciste bien, en serio. —Eusebio se aproximó a ella—. El doctor Imanol es muy buen médico, además de compañero de batallas, como ya te dijo.

—¿Escuchaste lo que hablamos? Pensé que estabas dormido.

—Tengo cierta habilidad para hacer creer que duermo cuando no lo hago —vaciló Eusebio, que continuó aproximándose a Luz María, incapaz ella de mantenerle la mirada—. Por eso, vi cómo te quedaste a mi lado, toda la noche, cuidando de mí. Despertar y ver tu hermoso rostro cura cualquier tipo de mal.

—Eusebio, por favor —murmuró Luz María, entrecortada voz, temblorosa.

—¿Por qué no lo aceptas de una vez? ¿Por qué eres incapaz de asumir que me amas como yo te amo?

—Pero ¿de qué hablas? —Vibró Luz María, quien trató de alejarse. Eusebio la agarró de la cintura, uniéndose sus miradas—. Suéltame o grito y hago que los militares te atrapen y te ajusticien.

—Hazlo. Si de veras no te importo, si realmente no sientes nada por mí, grita. Grita como nunca antes lo has hecho. Grita a los cuatro vientos y que me lleven preso —animó Eusebio, penetrando con sus verdes ojos la mirada de la joven que sucumbía, sin que nada pudiera hacer. Tras un silencio, acelerados corazones, sus miradas se congelaron—. ¿Lo ves? Me amas. Pero temes reconocerlo. Estás muerta de miedo y te entiendo, preciosa mía. Pero no hay nada que temer. Juntos podremos ser felices, lejos, muy lejos. Ven conmigo, huyamos de aquí. Empecemos de nuevo en un lugar donde ser felices, renunciando a todo.

—Es una locura...

Poco pudo hacer para evitar que sus labios se fundieran en un sentido beso, tan especial, que la hizo volar como nunca antes, encontrando en esos labios aquello que no era capaz de hallar en los de Borja. Ese cosquilleo, ese pellizco en el corazón, esas ganas infinitas de que nada termine. En una nube, viajaban por el azulado cielo hacia un prado verde lejos del olor a pólvora y del lúgubre color de la muerte que les rodeaba en esos crudos días del verano del 36'. Caricias, abrazos, hasta que sus labios se separaron, frente con frente, ojos cerrados, él le recordó que la amaba, ella no paraba de decir que todo era una locura. Echó a correr, calle arriba, sin mirar atrás. Eusebio se lamentó. Por el camino, tropezó con un uniformado Borja. Casi cayó al suelo.

—Luz María, ¿dónde vas con tanta prisa? —preguntó, mientras la ayudaba a levantarse—. Ni que estuvieras huyendo de alguien.

—Nada... es que... acabo de acordarme que tengo que pasar por el *colmao* —respondió Luz María, rascándose la cabeza, algo temblorosa aún.

—¿Te ocurre algo? Parece que acabas de ver a un fantasma. Estás muy pálida —dijo Borja, acariciándole el rostro, mientras ella escondía su mirada, nerviosa—. Estás tiritando. Oye, ¿seguro que estás bien?

—Sí. De veras. No te preocupes. —Luz María dibujó una sonrisa en sus labios y besó en la mejilla a su prometido, clavando en sus ojos una tierna mirada—. Es solo que... no quiero que se me olvide lo que tengo que comprar y si llego tarde... se acaba el género.

—¿Quieres que te acompañe?

—No te preocupes. Seguro que andas muy liado y no quiero molestarte.

—¿Desde cuándo es molestia para mí acompañar a mi prometida?

—Además, desde que todo esto empezó, me miran con miedo... con odio en esos ojos que antes me miraban como una igual. Y todo... —le miró a los ojos— todo por estar prometida contigo.

—Solo teme quien tiene motivos para temer, amor mío —recalcó Borja, tono firme—. Quien esté libre de pecado, te tratará como mereces. Además, en mi presencia, nadie se atreverá a mirarte mal.

—Borja, tampoco quiero...

—No se hable más —interrumpió Borja, dando un paso al frente—. Iré contigo. Así me cuentas qué tal se encuentra el caballo.

—¿Qué caballo? —preguntó Luz María, algo extrañada.

—Anoche enfermó un caballo tuyo, según me contó Paul, ¿no es así? Dice que te vio junto al doctor Imanol, a altas horas de la noche.

—Ah, sí. Eso... —Luz María resopló. Casi mete la pata—. Ya está mucho mejor. Acabo de verle y ya incluso come solo.

—¿Qué era lo que le ocurría?

—Pues, en realidad, no lo sé muy bien. De pronto, se puso malo y mi reacción a esa hora fue llamar al doctor.

—El doctor Zurriaga es bueno. Mira que saber tratar a personas y a animales. Aunque, visto lo visto, a veces cuesta distinguirles —comentó Borja, soltando una carcajada—. Oye, esta noche podría ir a cenar a tu casa. No estaré de guardia así que, podemos cenar y luego, no sé, lo que surja. Así saludo a tus padres, que con todo esto, hace mucho que no los veo.

—Bueno, si te apetece.

—Mucho, princesa —dijo Borja, acariciándole el rostro, besándola en los labios *a posteriori*. Un beso que sintió frío, pese a esforzarse por sentirlo como el que Eusebio le dio, pero era superior a ella—. No sabes cuánto me apetece.

—Entonces, te esperamos a las nueve. Aprovecho que paso por el *colmao*, así te preparo algo especial.

—Luego te veo, amor —se despidió Borja, que marchó en dirección opuesta.

Le siguió con la mirada mientras se tocaba los labios. Cerró los ojos, hizo un esfuerzo sobrehumano por sentir algo especial tras aquel beso. Imposible era. Siempre aparecían los verdosos ojos de Eusebio ante ella, su sonrisa y su tez juvenil. Descontrolada respiración, casi le costaba mantenerse en pie. Su corazón agitado no pudo evitar sentir aquello tan especial. «¿Y si me estoy enamorando de él? ¿Y si el motivo por el que le tengo oculto, por el que un día decidí protegerle, siempre ha sido ese? ¿Por qué ha despertado esto en mi interior?». Muchas preguntas rondaban la cabeza de la joven, deambulando sin sentido. Incluso se perdió de camino al *colmao*. Un sendero que de memoria conocía.

19

Solo restaban doscientos kilómetros para llegar al destino y el bus que rumbo a Santander llevaba a Álex y Davinia se detuvo en mitad de la carretera, con la noche tiñendo de negro el cielo. Una avería hizo que fuese imposible continuar el camino. Todos los pasajeros tuvieron que salir fuera y esperar, pero poco había que hacer.

—Señores pasajeros, lamento mucho la espera y la incertidumbre generada, pero hasta que un técnico no ha aparecido, no hemos podido valorar el alcance de la avería. Sintiéndolo mucho, no podremos continuar con la ruta hacia Santander hasta mañana. Trabajaremos duro durante lo que resta de noche y la madrugada para solventarla lo antes posible. Por ello, os pedimos paciencia y que entendáis la situación —explica el chófer, algo apurado, con ese bigote sudoroso.

—¿Y qué vamos a hacer ahora? ¿Dónde vamos a pasar la noche? —pregunta uno de los pasajeros, bastante ofuscado.

—Para casos así, deberían tener un bus de sustitución. Algunos tenemos prisa por llegar —reclama otro viajero.

—No disponemos de otro bus hasta mañana a mediodía —informa el chófer—. En cuanto a pasar la noche, no deben preocuparse por ello. La empresa me informa que ha hecho las gestiones necesarias para que podáis alojaros en ese albergue. Solo sería esta noche.

Señala un albergue que se encuentra a unos cien metros a pie. Pese a que muchos viajeros se quedan protestando airadamente,

Álex y Davinia no pierden mucho más el tiempo y ponen rumbo, como otros, mochilas a sus espaldas, hacia aquel alojamiento.

—Vaya mala pata, joder —se lamenta Álex.

—Mejor pasar la noche aquí, Álex. Estamos cerca de Santander. Llegaríamos de madrugada con todo esto de la avería. Mañana llegaremos a buena hora.

—Eso sí es verdad, pero me joroba. Estoy deseoso de llegar. No veo el momento de conocer a Eusebio y poder llevarle junto a mi abuela.

—Tranquilo, pronto podrás disfrutar de ese momento.

—Podremos, Davi —apostilla Álex, mirando a su amiga—. Tú también formas parte de esto. Además, siempre has sido... como de mi familia.

—Como hermanos —añade Davinia, rodeando con su brazo la espalda de su amigo, que siente cómo un escalofrío recorre su cuerpo.

Un impulso le hace responder de la misma manera, y juntos entran abrazados a ese albergue habitado en su mayoría por peregrinos que hacen el camino de Santiago. Les toca en una habitación compartida con cuatro compañeros más, todos extranjeros. Davinia se acomoda en una de las camas que queda libre, mientras que Álex hace lo propio en otra frente a ella. Agarra algo de ropa y va al baño, para asearse. Arriba de la chica, se halla un joven y guapo alemán de nombre Marcus y apellido Bohn. Al verla, baja de la misma.

—Hola —saluda Marcus, sonrisa perfecta, tupé rubio e imponente.

—Hola. —Devuelve el saludo Davinia, prendada de la belleza de ese joven—. ¿Cómo te llamas?

—Soy... Marcus —se presenta, tratando de expresarse lo mejor que puede—. Yo alemán. De Berlín.

—Ah, sí. De Berlín. Preciosa ciudad. Yo soy de Madrid.

—¿Tú también camino de Santiago como mí? —pregunta Marcus, que se sienta a su lado, en la cama.

—No, yo voy a otra ciudad. Pero el bus se ha estropeado, ¿sabes? Tenemos que hacer noche aquí.

—Oh, sí. Vaya... jodido, ¿no? —Marcus trata de forzar su regular español.

—Muy jodido, sí.

—Yo todos los años hacer camino de Santiago. Mi familia muy creyente. Yo promesa —cuenta Marcus, sonriente—. Yo ir solo. Camino sería mucho mejor si chica como tú me acompañase.

—Ya me gustaría, Marcus. Si quieres, otro año lo hacemos juntos —dice Davinia, algo sonrojada.

—¿Por qué viajas sola dónde?

—No viajo sola —responde Davinia, que trata de buscar a Álex, pero no le ve—. Viajo con un amigo. Vamos a buscar a una persona.

—Oh, sí. ¿Amigo o novio?

—Amigo, muy buenos amigos. Los mejores —responde Davinia, sonrojada—. Como... hermanos.

—Oh, sí. ¿Sabes? Yo cada noche antes de dormir voy ver estrellas en noche. Es bonito. ¿Me acompañas? —propone Marcus, que mira con ternura a Davinia—. Así podemos seguir hablar.

—Eh... bueno, vale.

Juntos, abandonan aquella habitación, no sin antes cruzarse con Álex, quien porta ropa algo más cómoda para dormir.

—Davinia, ¿dónde vas?

—Ah, mira, Marcus. Él es Álex, el amigo con el que viajo —los presenta Davinia. Ambos se dan la mano—. Vamos fuera a tomar un poco el aire. Marcus quiere enseñarme algo.

—Vamos ver estrellas. ¿Quiéres venir?

—No, no me apetece —responde Álex, en tono seco, como enfadado—. Me voy a la cama. Estoy muy cansado.

Davinia y Marcus se alejan. Ella no deja de mirar hacia su amigo, notó en él algo fuera de lo normal. No parece el mismo, sobre todo en sus facciones tensas. Por su parte, Álex les sigue con la mirada, rostro serio, suspiro profundo, «¿Qué es este sentimiento?, ¿serán celos?, ¿por qué me duele verla junto a otro?». Mirada al vacío. Camina hacia su cama, toca intentar dormir, aunque pese a estar cansado, no puede. No deja de dar vueltas. Resopla. Se sienta en la cama. Se levanta y sale fuera. ¿Dónde va? A buscarlos. Sale del albergue y asoma a una zona exterior que es como un patio verdoso, decorado con flores de muchos tipos. Está en silencio, pero se aprecian dos siluetas sentadas sobre el césped. Son ellos, no hay duda. Álex se aproxima, con cuidado. Escucha cómo hablan sobre las estrellas y las constelaciones. Su amiga está entusiasmada.

—Es impresionante lo enorme que es el universo y lo pequeños que somos en él —reflexiona Davinia.

—El universo ser... infinito —apostilla Marcus—. Yo refle... reflexionar sobre vida mirar todas noches.

—Eso es algo que todos tendríamos que hacer. Seríamos mejores personas y más conscientes de todo.

—También lo hago para hablar con abuelos. —Marcus señala el cielo, rostro triste—. Ellos marchar este invierno. Ellos muy enfermos.

—Lo siento. —Davinia agarra una de las manos de Marcus. Le devuelve una sonrisa—. Yo también perdí a alguien este año. A mi prima. Ella tenía mi edad.

—Vaya. Es un palo.

—Pues sí. Era como una hermana para mí. Pero, desde que se fue, no he vuelto a hablar con ella. Ni siquiera creo que esté allá arriba. —Baja la cabeza—. Ni siquiera creo que exista nada.

—El cielo existir, Davinia —anima Marcus, acariciando el rostro de la joven—. Ellos están arriba, viéndonos hacer. Están felices.

—Ojalá poder creer como tú.

—Creer... Ya te decir antes que yo muy creyente, como familia.

Ambos ríen. Se miran. Deciden tumbarse y seguir contemplando el firmamento. Davinia deja caer su cabeza sobre el pecho de Marcus. Oye cómo late su corazón. Le inspira calma y serenidad. Él le acaricia el cabello. Ahora no hablan. El silencio los envuelve. Álex vuelve tras sus pasos. Da una patada a la cama donde duerme, despertando a algunos huéspedes que trataban de dormir. Lo abroncan. ¿Qué más le da? A él le duele el pie, ya que no se percató que iba descalzo cuando arreó la rabiosa patada. Espera hasta que Davinia y Marcus regresen, pero ya en la cama, reflexionando sobre eso que sentía. Lo hacen al poco, risueños, entre carcajadas silenciosas. Se hace el dormido, pero entre pestañas, los ve acaramelados, juntos se tumban sobre la cama y continúan dialogando. Él le cuenta cosas sobre Berlín. Ella sobre Madrid. Él le habla de sus sueños. Ella de sus aspiraciones. Y así la noche se hace, poco a poco día.

20

Mientras Prudencio y su futuro yerno, Borja, charlaban distendidamente sobre los avances de la reconquista —otro nombre con el que hacen referencia a la guerra civil—, tras una cena que a Luz María le salió exquisita, ella volaba en su imaginación hacia las caballerizas. No podía quitarse de la cabeza aquel beso, lo que su corazón que, al recordarlo, se aceleraba, sentía, ese cosquilleo, esa adrenalina, ese vértigo que nunca antes experimentó. Apenas escuchaba las palabras que de bocas de su padre y Borja salían, ¿qué importaba? Estaba tan despistada que no pudo evitar que de sus manos se escurrieran un par de vasos, cayendo al suelo y rompiéndose en pedazos.

—Hija, desde luego que esta noche estás que no hay quién te reconozca —dijo Martirio, sentada junto a Prudencio, quien la mesa presidía—. Se nota que estás nerviosa porque está aquí tu futuro esposo.

—Sí. Es eso —disimuló Luz María, soltando una leve carcajada—. Lo siento, madre. Ahora mismo lo recojo.

—Oye, Borja, a esta más te vale que me la ates en corto, ¿eh? —advirtió Prudencio, tono bromista. Él, señor mayor, cuerpo débil, muletas junto a la mesa, calva imponente.

—Descuide que, a su hija, de nada le faltará a mi lado —aseguró Borja, agarrando las manos de su prometida, cariñoso, sonriente, antes de mascar un trozo de carne que quedaba en su plato.

—Eso me tranquiliza. Uno ya no sabe cuánto va a tardar en ir al más allá.

—No diga eso, Prudencio. Si está usted hecho un chaval.

—Hijo, deja las bromas para los momentos de relax con los camaradas —le espetó Prudencio, a quien le costaba hablar.

—Hija, ponle un poco de licor a tu prometido —intervino Martirio—. Lo tienes seco al pobre. Y ya de paso le traes a tu padre su medicación.

—Y dices que estoy hecho un chaval, ¿eh? Si nada más que hago tomar veneno —protestó Prudencio, provocando una carcajada en Borja.

Luz María fue hacia el salón y de un mueble agarró aquella botella de licor junto a una copa, mientras oía la conversación que su padre y Borja continuaban manteniendo, con rostro de preocupación y pensando en lo que Eusebio le contaba en las caballerizas.

—Arturito el alcalde —sonreía Prudencio—, dicen que corría como una rata cuando llegasteis al pueblo. Maldito saca cuartos.

—De poco le sirvió —Borja se acomodó—. Cuando le atrapamos, gritaba como una niña. El muy hijo de puta... suplicaba a Dios, de rodillas. Cuando fue él quien quiso mandar a quitar todos nuestros símbolos gloriosos del pueblo.

—Y quien estuvo detrás del intento de quemar la iglesia, no lo olvides —recordó Prudencio—. A mí me quiso expropiar mis caballerizas. Que decía que esa nave tenía que ser para el pueblo y que me llevase a los caballos al campo. Que iba a construir no sé qué para no sé quién.

—La maldita reforma agraria que solo trajo ruina y revueltas.

—Ni que lo digas, hijo —asintió Prudencio—. Ni que lo digas.

—Su reinado del mal ya se ha acabado. De poco le sirvió suplicarme —Borja sacó su pistola, acariciándola con mimo—. La justicia divina ha hecho el resto, pero antes tuvo su merecido.

—Parece que por fin volveremos a vivir en un país decente. Mucho hemos tardado.

—Pues sí, Prudencio. Muchos estábamos deseosos de echarnos a la calle y acabar con esta situación insostenible —dijo Borja, negando con la cabeza, acariciando sus medallas, ya que aquella noche fue con su indumentaria de teniente—. España nos llamaba y hemos acudido a salvarla. Ya estaba bien de tanto mitin y tanta política, joder. La estaban desangrando como a un cerdo en una matanza.

—Y las huelgas, los paros, las iglesias quemadas... tanto insulto a años y años de prosperidad merced a unos necios que querían una poltrona —continuó Prudencio—. Se habían vuelto locos.

—Eso no es para nosotros. La democracia es el cáncer del siglo veinte. No son más que escoria humana que quiere vivir de los demás. Aquí, si queremos hacer patria, toca levantarla con sudor y sangre.

—Pero no es fácil. Hay mucha tarea por delante.

—La comarca está prácticamente controlada, salvo pequeños reductos. Y los compañeros de otros frentes avanzan con éxito. Será una tarea ardua, pero venceremos. Limpiaremos España de rojos y comunistas. Devolveremos la grandeza a nuestra nación.

—Así se habla —dijo Prudencio, sonriente.

Apareció Luz María, semblante serio, mirada cruel contra su prometido, que la miró extrañado.

Martirio:

—Vamos, hija. ¿A qué esperas para servir a tu prometido? Ya va siendo hora de que te acostumbres.

—Claro que sí, madre. —Luz María agarró una copa y se la puso a Borja, que dio un trago, degustándose, mientras ella esperaba en pie, por si quisiera otra.

—Está delicioso —dijo Borja, guiñándole el ojo a su prometida, que le volvió la mirada, dientes apretados.

—Por cierto, Borja, ya he hablado con el padre Froilán para buscar una fecha. Os casaréis en la iglesia del pueblo, como está mandado, después del verano, que hay un hueco —aportó Martirio.

—Cuanto antes, mejor. Estoy deseándolo —dijo Borja, quien miró con lascivia a Luz María—. Muero de ganas por hacerte mi esposa, cariño mío.

Escena incómoda para ella. Las piernas le temblaron. Miró a su alrededor. La luz se apagaba, se veía al borde de un abismo, descalza, desnuda, mientras otros decidían si debía caer o no. Su vida, un símil de aquella alucinación. Camino hacia un destino escrito, que ahora sentía que no anhelaba, que no compartía. La oscuridad en ese abismo se hizo eterna. Apenas quedaba luz. ¿Era esa la vida que quería? Unas cadenas ataban sus manos. Quería romperlas. Lo hizo, al fin. Gritó.

—¿Hija? ¿Qué mosca te ha picado? —preguntó Martirio, poniéndose en pie, rostro serio, ojos bien abiertos.

—¡Dejadme en paz todos! —gritó Luz María, que escapó de su casa echando a correr, dando un fuerte portazo al salir.

—¡Luz María! ¡Luz María! —trató de llamarla Martirio, sin éxito. Se giró hacia Borja, quien en pie se puso—. Discúlpala, Borja. Está muy nerviosa, ya sabes cómo somos las mujeres a veces.

—No se preocupe, doña Martirio. Yo me ocuparé —Borja caminó hacia la puerta no sin antes volverse para despedirse—. Por cierto, una cena estupenda. Gracias por la invitación. Os veo pronto. Que tengáis buenas noches.

Salió a toda prisa, llamando su atención mientras Luz María hacía oídos sordos y continuaba, pero Borja era más rápido, la agarró del brazo y detuvo su marcha. Clavó su mirada en ella.

—Oye, te estoy diciendo que te detengas —ordenó Borja, tono firme.

—No soy uno de tus soldaditos a quienes das órdenes. —Luz María se mostró distante. Furtiva mirada la que lanzó a su prometido—. Así que no me trates como a ellos.

—No te entiendo. Llevas toda la noche muy rara. No sé qué te ocurre conmigo.

—Lo que me ocurre, Borja, es que estoy cansada. Cansada de que me lleven por el camino que ellos quieren, cansada de no poder ser libre y vivir mi vida como quiero. Pero, sobre todo, cansada de esta maldita guerra que tantas almas inocentes se está llevando por delante —explicó Luz María, ojos humedecidos.

—Tú antes no hablabas así, Luz María —dijo Borja, negando con la cabeza.

—Quizás no me conoces tanto como crees —advirtió Luz María—. ¿De verdad todo esto es necesario? Tener a la gente asustada, detenerles por pensar diferente, fusilarles, ¿dónde queréis llegar? ¿Esta es tu idea de salvar la patria? Hablas de limpieza con ese tono vacilante, como el de tu amigo Paul, cuando en realidad son personas, familias enteras que estáis destruyendo.

—Son traidores y gentuza que se han vendido al comunismo para destruir España. Ya te lo expliqué la otra noche. Ellos no son santos, Luz María. ¿O crees que cuando capturan a uno de los nuestros le dan una palmadita y lo dejan ir? —justificó Borja, que agarró fuerte del brazo a su prometida—. Además, no te permito que me hables así. Cuando seas mi esposa, deberás cuidar el tono con el que te diriges a mí. Se te olvida quién soy.

—Sé muy bien quién eres —contestó Luz María, zafándose de aquellas garras—. Alguien que tiene el alma podrida y las manos manchadas de sangre.

—No tienes ni idea de lo que estás diciendo.

—Vamos, detenme a mí también. Llévame a un pelotón de fusilamiento y acaba conmigo, o hazme como al señor alcalde, si así te sientes mejor. —Se volvió valiente Luz María—. No sois más que cobardes con armas que quieren imponer su propia ley. No queréis salvar nada. Solo destrozarlo.

—Tienes la suerte de ser mi prometida. No sabes cuánta — concluyó Borja, que tragó saliva.

Sin decir una palabra más, Luz María se marchó. Borja se quedó petrificado, observando cómo se alejaba, deambulando sin mucho sentido por aquellas calles, mientras la noche se cerraba.

—Un hueso duro su prometida, mi teniente. —Paul apareció caminando, tono chulesco—. Oyéndola desde aquí, parece más bien una discípula de esos malnacidos.

—Ni te atrevas a hablar así de ella —advirtió Borja, agarrándole por el cuello, dientes apretados—. Ella... solo está confundida.

—No tiene que darme explicaciones, mi teniente —trató de vocalizar Paul—, pero si necesita hablar, desahogarse... puede contar conmigo.

Borja le soltó. Dio un profundo suspiro y caminó un par de pasos, bajo la atenta mirada de su súbdito.

—Me ha dicho cosas horribles...

—Mi teniente, si me permite, le diré que su... prometida siempre me ha parecido una mujer enigmática. —Paul se colocó a su lado—. Hace cosas que las mujeres de su edad no suelen hacer. Demasiado... independiente, ¿no cree?

—Es la vida que le toca llevar. Su situación familiar no es boyante.

—¿Y esos paseos nocturnos a las caballerizas? Vamos, mi teniente. Se tira horas en ellas. No digo que cuidar de esos caballos no sea una tarea ardua, pero... frecuentarla tantas veces al día...

—Ella ama a sus caballos —expuso Borja, manos a la espalda—. Siempre han sido su pasión. Desde pequeña.

—Y no afirmo lo contrario, mi teniente. Pero... ¿no cree que, desde hace días, ha dejado de ser la mujer que era?

—En eso tienes razón. No te lo puedo negar.

—Casualmente, desde que desmantelamos esa organización criminal. Desde que ese maestro se nos escapó. Se esfumó. Como si la tierra se lo hubiera tragado.

Borja se detuvo en seco. Clavó en Paul una mirada furtiva, mientras apretaba los puños y los labios. Y es que, recordarle ese hecho, le hizo rabiar.

—¿Qué quieres decirme, soldado?

—Nada —contestó Paul—. Solo... ofrecía un dato, cuanto menos curioso.

El silencio se apoderó de aquella escena, como silenciosa estaba la noche, oscura como todas, enlutada desde que el baño de sangre comenzó a lo largo y ancho de la piel de toro.

—Vamos, mi teniente. Le invito a tomar un trago. La noche está en calma, como todas desde que llegamos —continuó Paul, dando una palmada en el hombro a su superior.

Y ambos pasaron lo que quedaba de noche entre licores y confidencias. Nació así entre ambos una amistad que iba más allá de los galones que ambos sostenían. Uno más que otro. Claro está.

21

Como previsto estaba, a mediodía, retomaron el camino destino Santander. Mientras Álex se mantiene despierto, mirada perdida en la carretera que le conduce a un destino decidido, Davinia duerme, recuperando quizás esas horas de sueño que aquel chico alemán, Marcus Bohn, le robó. De vez en cuando, no puede evitar volver sus ojos y clavarlos en ella. La mira, qué guapa es, no puede evitar soltar esa sonrisa tonta que dibuja una mueca de felicidad en su rostro. Tampoco puede evitar sentir esos celos que le consumen por dentro. Desde que salieron del albergue, estuvieron sin cruzar palabra alguna. Incluso tuvo que soportar ver cómo se despedía de Marcus con un beso en la mejilla que ya quisiera recibir él. Tras un bache, ella despierta y Álex que no puede dejar de mirarla, disimula volviendo su mirada de nuevo a la ventana, sonrojado. Davinia se despereza, bosteza.

—Me he quedado dormida y ni me he dado cuenta —dice, mirando el reloj—. ¿Cuánto nos queda para llegar?

—No lo sé —responde Álex, tono seco, apenas se le entiende.

—Uff. Estoy muerta de sueño. —Davinia vuelve a bostezar, desperezándose.

—Normal. Es lo que tiene trasnochar —dice Álex, sarcástico.

—Es que Marcus tiene tantas historias interesantes. ¿Sabías que existen, a día de hoy, ochenta y ocho constelaciones? Se las conoce casi todas.

—Es muy listo ese tal Marcus —masculla, tono sarcástico Álex, sin mirar a su amiga.

—La verdad es que sí. Para ser alemán, habla muy bien nuestro idioma. Nos entendimos perfectamente. Tanto que apenas hemos dormido, hablando y hablando. ¿Sabes? Me ha dado su dirección en Berlín para que le escriba y para que vaya a visitarle algún día. Yo he hecho lo mismo. Una amistad internacional... —continúa Davinia, que da un suspiro, recordando esos dulces momentos junto a Marcus.

—A saber a qué ha venido ese aquí —dice Álex, negando con la cabeza—. Todos dicen que vienen a hacer el camino de Santiago, cuando en realidad, vienen a lo que vienen.

—Y, ¿a qué vienen, según tú? —pregunta Davinia, algo extrañada por la actitud de su amigo.

—Pues ya lo viste ayer. —Álex vuelve la mirada hacia ella, de manera violenta—. Dime, ¿os enrollasteis?

—No... —Davinia frunce el ceño—. Solo... charlamos.

—Ya, claro. Por eso os tirasteis horas y horas fuera del albergue y luego os dormisteis juntitos en la misma cama —continúa Álex, subiendo el tono, sin darse cuenta.

—Pero bueno, ¿eres mi padre ahora? ¿Qué demonios te ocurre? Te cuento esto porque eres mi mejor amigo y quiero compartirlo contigo, como todo —protesta Davinia, molesta, llevándose la mano al pecho—. No eres nadie para juzgar lo que hago o hacen los demás.

—No te he juzgado. Solo he dejado claro lo que buscan ese tipo de gente como Marcus.

—Pues, para que te enteres, su familia es muy creyente y hace el camino cada año —aclara Davinia, tono de enfado—. Deberías informarte mejor cuando hablas. Además, ¿por qué tengo que darte explicaciones de lo que hago? Bastante tengo con soportar a mis padres como para soportar tus escenitas, que no sé a cuento de qué vienen.

—Si tanto te importa ese alemán, haberle acompañado en el camino —sentencia Álex, que se vuelve hacia el cristal, molesto, ofuscado, sin poder controlar esos sentimientos que despiertan en él esa ira contra alguien a quien apenas conoce y esas crueles palabras que vierte contra una Davinia cada vez más confusa.

—Pues, ¿sabes lo que te digo? Que lo mismo tienes razón. Me lo ofreció. Pero en este viaje es contigo con quien quiero ir —explica Davinia, que niega con la cabeza, mirando a su amigo, quien incapaz de responder es, mirada clavada en la calzada—. A lo mejor debería bajarme en la próxima estación y tomar un bus de vuelta a casa.

Se levanta de su asiento y marcha unos más atrás, alejada de su amigo, quien continúa en la misma postura. Davinia, ceño fruncido, ojos humedecidos, dolida, siente un pinchazo en su adolescente corazón que no logra descifrar, mira al vacío, seca las lágrimas que asoman por sus ojos, suspira y se recuesta sobre el asiento. De vez en cuando se buscan con la mirada, sobre todo Álex cuando el bus se detiene en una parada para comprobar que Davinia no cumple con su amenaza de volverse, cosa que nunca hace. Nunca conectan. Entre ellos parece que un muro se ha construido, aunque desean estar juntos, abrazarse y pedirse perdón. Él por ser tan duro. Ella... ¿por qué ella? ¿Por qué siente esa imperiosa necesidad de pedirle perdón si no hizo nada malo? ¿Quizás por pasar la noche con Marcus? ¿Y qué tiene eso que ver? «Se habrá ofendido», piensa. Mientras, las horas pasan. Cuando menos lo esperan, el chófer anuncia al fin que han llegado a Santander.

A cientos de kilómetros, Sole termina de acomodar a su madre, rostro de preocupación, mirada pegada al teléfono, esperando tener noticias de Álex. De pronto, alguien toca la puerta. Tras ella, Martín y Laura, los padres de Davinia. Él mantiene un rostro furtivo, lleno de ira, mientras que los ojos de su esposa tiritan, preocupados, deseosos de encontrar la respuesta tras aquel umbral.

—¿Dónde está? Sé que ha venido aquí. —Martín irrumpe con suma violencia en el interior de aquella casa—. ¡Davinia! Soy tu padre. Ven aquí ahora mismo, niñata consentida.

—Disculpe, Martín, pero ella no está aquí. Le pediría que no alce la voz de esa manera. Mi madre descansa.

—Tienes que disculparnos, Sole, pero no sabemos nada de nuestra hija desde ayer. —Laura se acerca a ella, agarrándole las manos—. Estamos desesperados. Tememos que algo malo le haya pasado.

—¿Y creen que ha venido aquí?

—¿Dónde si no? —interviene Martín, que inspecciona cada rincón de la casa, con la respiración acelerada—. A la casa de su amiguito. Con el que se tira horas hablando por teléfono. El que le llena la cabeza de pajaritos.

—¿Qué tiene usted que decir de mi hijo?

—Disculpa a mi marido, Sole. Es que... está muy nervioso —apacigua Laura, clavando sus acristalados ojos en los de Sole—. ¿De veras no sabéis nada de Davinia?

—Laura, verás... —Sole camina hacia la mesa del salón y agarra la nota que le dejó Álex antes de marchar. Se la entrega—. Mi hijo se marchó hace unos días. Lo hizo tras dejarme esa nota. No tengo ni idea a dónde se ha marchado. He hablado con la Guardia Civil para que lo busquen pero, ya sabes, hay que esperar. Es probable que, no sé... Davinia esté con él.

—Es probable, no. —Aparece Martín, arrebatando aquella nota a su mujer con violencia—. Está con él, seguro. —Vuelve la mirada hacia su mujer—. Ya te dije que ese chico no es una buena influencia. Ni él ni ninguna de las amistades que tiene aquí. Por eso, tenemos que mandarla lejos.

—Martín, nuestros hijos se conocen desde pequeños. ¿Cómo puede hablar de Álex como una mala influencia para Davinia? Si ella ha estado en casa como una más de mi familia.

—Mi hija nunca ha actuado así. Se ha vuelto una rebelde con los años y todo por arrejuntarse con gente de familias... desestructuradas.

—Es muy cruel eso que dice, ¿me oye?

—Cruel... pero cierto —sentencia Martín, que señala con dedo acusador a Sole—. Una cosa te advierto. Si a mi hija le ocurre algo haré responsable al mequetrefe de tu hijo, por enredarla, por arrastrarla hacia el mal camino. Y, por supuesto, a ti.

—¿Y no será que su hija está harta de usted y le ha querido dar una lección? —aporta Sole, acercándosele, valiente—. Nuestros hijos se hacen mayores. Ya no son niños. No podemos tratarles como tales. ¿Le cuento las veces que Davinia ha venido a casa, llorando, porque estaba harta de un ogro como usted?

—¿De qué demonios hablas?

—De que, en esto, todos nos hemos equivocado —contesta Sole, apretando los labios—. Nos toca reflexionar sobre aquello que hayamos hecho mal como padres. Ustedes siendo tan duros con Davinia. Yo por traerme a rastras a mi hijo a este pueblo, sin tenerle en cuenta. Y ahora, nos vemos así. Con nuestros hijos en paradero desconocido. Yo, al menos, no he dejado de sentirme culpable.

—Ahora va a resultar que, si hacen lo que les viene en gana, también es nuestra culpa.

—Martín, ¿no ves que ella también lo pasa mal? —interviene Laura, voz quebrada.

—A mí, lo que ella sienta, me importa un bledo.

—Le guste o no, Martín, estamos juntos en esto. Y le guste o no, lo que le he dicho es una verdad como un templo. —Sole mira a Laura, que asiente levemente, dándole la razón a escondidas—.

Y ahora, si no tiene nada más que decir, me gustaría que abandonase mi casa, a la que ha entrado demostrando ser la clase de persona que es. Su hija, permítame decirle, es cien veces mejor que usted. Seguro que ha salido a su madre.

Martín aprieta los puños y traga saliva. Laura pide a su marido que marchen, a la vez que le dedica una sonrisa a escondidas a Sole por lo último que dijo.

—Por favor, Sole, si te enteras de algo... —pide Laura.

—No te preocupes, de veras. —Con ella, su tono es mucho más amable—. Te avisaré de inmediato.

—Más te vale —apostilla Martín, sin bajar ese dedo acusador.

Ambos, Martín y Laura, marchan subidos en aquel Mercedes oscuro. Sole admira aquella imagen, cruzada de brazos, sosteniendo en sus manos aún aquella nota que su hijo le dejó. Suspira. «Por favor, pequeño, llámame. Al menos, para saber que estás bien». Tiene claro que ya no son niños, pero en ese momento que tan lejos lo siente, vuelve a ser su bebé desnudo ante la vida para ella. Y mirando de nuevo aquel álbum de fotos antiguas, donde se ve a ella, jovencísima, con Álex siendo un bebé, nostálgica, cae rendida, como cada noche desde que el joven partió.

22

Lo tenía claro, aunque se dejaba llevar por lo que su corazón sentía en ese momento. Caminó hacia las caballerizas, decidida, a paso firme, ojos vidriosos, corazón acelerado. Anhelaba llegar y, pese a que el camino era corto, aquella noche se le hacía eterna a una Luz María dispuesta a romper con todo.

Allí aguardaba Eusebio quien, sorprendido, la observaba, conteniendo la respiración, sintiendo esa tensión que les envolvía en ese momento donde casi se paró el tiempo entre ellos, uno frente al otro. Luz María caminó hacia él, sin apartar sus pupilas de las verdosas del profesor, que la esperaba.

—Luz María —nombró Eusebio, entre susurros.

—Tenías razón, Eusebio. Siempre la has tenido —dijo Luz María, entrecortada voz—. Gracias por librarme de las cadenas que me llevaban, maniatada, a un destino que no deseaba. Gracias por abrirme los ojos, por mostrarme el mundo tal y como es. Por hacerme sentir tan viva, tan especial. Eres tú. Siempre lo has sido. Ahora tengo claro lo que quiero.

—Pídeme lo que desees. Te lo concederé. —Eusebio avanzó un paso más, ambos encarados, manos entrelazadas, escalofríos que recorrían sus cuerpos, temblores, respiración acelerada, sonrisas felices—. Oh, Luz María...

—Quiero ir contigo, Eusebio. Marchar lejos, muy lejos —dijo una decidida Luz María, dibujando una mueca alegre en su rostro—. Dejarnos llevar por aquello que el destino nos prepare, afrontarlo con ilusión, juntos, sin que nada ni nadie pueda separarnos.

—Amor mío, cuánto deseaba oír algo así —emocionado Eusebio, ojos humedecidos, corazón encogido. Acarició el bello rostro de la joven—. Seremos felices, nos amaremos sin necesidad de escondernos, que el mundo vea lo que nos amamos.

—Quiero pasar esta noche a tu lado, Eusebio —continuó Luz María, valiente, dejándose llevar por lo que su desbocado corazón le dictaba—. Mañana, al alba, huiremos. Marcharemos para siempre de este maldito pueblo.

Sonrientes, emocionados, unidos, se fundieron en un beso tan intenso que incluso algún que otro caballo no pudo contenerse a relinchar. Sin que pudieran evitarlo, dejándose llevar por la pasión del momento, se dejaron caer en el pajar, donde cuerpos fundidos, se unieron en uno, se amaron, sin esperarlo, desnudos se encontraban. Hicieron el amor mientras la noche dejaba paso al amanecer. Al frío amanecer.

Abrazados, juntos despertaron. Sobre el velludo pecho de Eusebio, Luz María dormitaba, rostro de preocupación, mientras este le acariciaba el cabello.

—¿Te ocurre algo, preciosa?

—No está bien lo que hemos hecho —respondió Luz María, tono serio, preocupada—. No estamos casados.

—Solo nos hemos demostrado lo mucho que nos amamos. No debes mortificarte por algo así.

—Entiendo que, para ti, sea algo insignificante, pero para mí es algo imperdonable —se lamentó Luz María—. No existe penitencia para paliar tanto pecado.

—Si amarse es un pecado, no sería un mandamiento, ¿no crees? —preguntó Eusebio, lanzándole una mirada positiva a Luz María, rostro afligido—. Vamos, no tienes que mortificarte. Lo importante es que haya sido especial. Lo que hemos sentido.

—Ha sido muy especial —confirmó Luz María, sonriendo y besando en los labios de nuevo a Eusebio—, pero tienes que entenderme. Para mí no es fácil.

—Lo sé, Luz María. Te comprendo perfectamente —Eusebio le acarició el cabello de nuevo, con ternura—. Ha sido la noche más feliz de mi vida.

—En el fondo, la mía también. Aunque tendré que ir luego a confesar con el padre Froilán.

—Ese... maldito sea —espetó Eusebio, mordiéndose los labios—. Es tan golpista como todos ellos.

—Es un buen párroco.

—Los curas no deberían imponernos su credo a la fuerza. Este país es y debe seguir siendo laico. —Recordó el momento en el que le ayudó a sofocar las llamas que casi terminan por devorar la iglesia—. Y pensar que, de no ser por mí, hoy yacería bajo las cenizas de su propia iglesia. Predica el nombre de Dios, nuestro señor, de la bondad y del reino de los cielos y, sin embargo, apoya a esos que fusilan a personas inocentes.

—Bueno, basta —dijo Luz María, incorporándose, cubriéndose con parte de su ropa—. Entiendo que no compartamos ciertas cosas, como ser católico, pero es algo que creo que debes respetar. No te vuelvas intolerante, como ellos.

—Ya te dije una vez que yo siempre he sido católico. Así me educaron. Pero nunca he creído en la iglesia. Perdieron mi respeto desde el momento en que usaron la religión para imponer sus leyes. Y se ganaron mi odio cuando apoyaron el golpe militar.

—Mejor que no continuemos por ahí. Dudo que lleguemos a un acuerdo —sentenció Luz María, mirada al vacío, pequeño suspiro. Eusebio le acarició el rostro.

—Mejor imaginar dónde estaremos pronto, juntos. Iremos al norte. Allí conozco a unos amigos que podrán dejarnos una casa en un pueblo donde podremos asentarnos un tiempo, hasta que la situación mejore y avancemos hacia la victoria. Es un lugar precioso, ya verás.

—Dime que todo irá bien —pidió Luz María, agarrando las manos de Eusebio, que clavó sus verdosos ojos en ella.

—Bien, no. Será maravilloso —aseguró, concluyendo con otro beso en sus labios, mientras soltaban alguna carcajada y continuaban imaginando ese futuro juntos.

Sin esperarlo, alguien aporrea la puerta. ¿Quién sería? Ambos callaron. Contuvieron la respiración. Sigilosamente, Luz María se acercó.

—Soy yo, Imanol —susurró una voz al otro lado de la puerta.

Suspiro de alivio. Se vistieron a toda prisa y ella le abrió. Demasiado evidente que algo ocurría, su cabello despeinado, su ojeroso rostro y ese cutis tan hermoso, brillante, reluciente. Imanol entró, serio, mirada que penetró en el corazón de Luz María.

—¿Qué tal, Imanol? —saludó Eusebio, mientras se ajustaba el pantalón—. Aún no te he dado las gracias por lo del otro día.

—No hay de qué. Es mi deber, ya sabes. —Se fijó en la escena que se dibujaba ante sus ojos. Dos jóvenes rojos como un tomate, cabellos alocados y rostros avergonzados, pero radiantes de felicidad—. Veo que... he interrumpido algo.

—No, no es lo que parece —se excusó Luz María, algo temblorosa.

—A mí es algo que apenas me importa. Yo necesitaba verla, señorita Luz María. La estaba buscando, pero no daba con usted. Supuse que estaba aquí. —Imanol se acercó a ella, silencio aquel que algo oculta, de nuevo aquella mirada. Sus manos se posaron sobre sus hombros—. Es... su padre. Ha... sufrido un ataque, tan fuerte, que poco he podido hacer. Ha fallecido.

Aquellas palabras pincharon tan fuerte que apenas fue capaz de digerir el aire que por sus pulmones entraba. Palidecido rostro, mirada perdida, boquiabierta. Eusebio la abrazó, pero ella no reaccionó. No era capaz de asimilar aquella noticia. Tiritaba, mientras con sus ojos, echaba un vistazo en rededor de aquellas caballerizas a todos aquellos caballos quienes, como ella, se acababan de quedar huérfanos.

23

Desde que se bajaron en Santander y hasta que llegaron a Miengo, donde otro bus les dejó, continuaron sin dirigirse la palabra. Tuvieron que andar unos metros aún para llegar, mochilas a la espalda, a ese maravilloso pueblo costero donde ya se respiraba esa brisa marina que tanto echaban en falta. Quizás ese ambiente les hizo darse cuenta de que no podían continuar así, sin escuchar otro sonido más que el del crujir de sus zapatillas arrastrándose por el asfalto. Pero ¿quién daría el paso? Ambos lo deseaban, pero ninguno se atrevía. Tiene que ser Álex, a las puertas de la entrada al pueblo.

—Oye, Davinia —llama la atención de esta, agarrando su mochila para que detenga su ritmo. Se miran—. Quería... pedirte perdón por todo lo que te dije antes. No sé qué me ha pasado, la verdad.

—No tiene importancia, de veras. —Niega con el rostro—. Dejémoslo en el olvido, ¿te parece?

—Será lo mejor —asiente Álex, sonrisa leve, tiende la mano, tembloroso, esperando que ella la acepte. Lo hace. Muecas alegres pero contenidas en sus rostros—. Como si nada hubiera pasado.

—Aunque, tengo la curiosidad de saber por qué ese odio a Marcus, a quien ni siquiera conoces. Y no me digas que es porque viene a lo que viene.

—Pues, no sé. Porque, al verle contigo, me dije a mí mismo que no podía permitir que ese chico se aprovechase de ti

—justifica Álex, meneando la cabeza—. No sé, Davi. Eres... como una hermana para mí y me preocupé. No iba a dejar que nadie te hiciera daño.

—¿De verdad pensabas eso? —pregunta Davinia, ojiplática, mueca de desconcierto—. Nunca has tenido prejuicios contra nadie. Es la primera vez que te veo así.

—Será que todo este tiempo en el pueblo me ha vuelto un idiota.

—No digas eso. —Ambos se detienen, se miran de nuevo. Ella agarra las manos de su amigo, movida por un misterioso impulso. El tiempo parece detenerse—. ¿Aún crees que esa es la principal razón?

Una burbuja les aísla. Silencio, solo se escucha, a lo lejos, las olas rompiendo en la orilla. Sus rostros se acercan, casi sin poder evitarlo, se dejan llevar. Davinia casi cierra los ojos, Álex los mantiene abiertos. Milímetro a milímetro, se aproximan. Corazones acelerados, asumen lo que está a punto de ocurrir, sin esperarlo. Contienen la respiración. Se preparan. Imposible controlar esos impulsos adolescentes.

—¡Eh, ustedes! —Llama la atención un señor que conduce una furgoneta. Ambos dan un paso atrás, se evitan, temblorosos. Toman aire. Álex tirita, como un flan, al igual que Davinia, quien no se queda atrás—. ¿Queréis que os lleve a algún sitio? Si vais al pueblo, yo voy hacia allá. Aunque, observándoos, no parecéis muy de por aquí.

—No lo somos. —Álex se acerca a ese conductor tan alegre—. Buscamos a alguien que vive en ese pueblo. Quizás usted nos pueda ayudar.

—¿De quién se trata? —pregunta aquel señor de imponente barba y cigarrillo bien sujeto en sus resecos labios, aspecto juvenil, aunque en años entrado.

—Se llama Eusebio. Eusebio Lagares Ramos.

—Claro, Eusebio. Un buen hombre, sí señor —asiente el señor de la furgoneta, sonriente, casi se le cae el cigarrillo—. Aunque, bien es cierto, que anda algo pachucho últimamente.

—Entonces, ¿está vivo? —pregunta Álex, mueca alegre, luminosa sonrisa.

—Pues claro. Está hecho un roble. Pero, ya sabes, la edad no perdona —informa el señor de la furgoneta. Álex mira emocionado a su amiga Davinia, que le dedica una sonrisa. Aliviado se siente, nervioso a la vez. Ya está a pocos pasos de su objetivo—. Bueno, qué, ¿subís?

Asienten y, aunque poco o nada conocen a ese extraño, les cae bien y sienten que es una buena persona. Cómo suena esa furgoneta, qué crujidos, cómo cambia de marchas, casi saca la palanca. La maldice continuamente, mientras ella, como buenamente puede, prosigue, dando sus últimos coletazos de vida. Llegan al pueblo. Muy tranquilo todo. En un cartel se anuncian las fiestas de San Esteban, a un par de kilómetros.

—Esta noche es la gran noche de las fiestas. Todo el pueblo está preparándose. Por eso apenas nadie hay por las calles —cuenta el señor de la furgoneta, sin apartar la vista de la calzada—. Yo ya hace tiempo que no acudo. Desde que mi Manuela se me fue, no tiene uno el cuerpo para jolgorios. Me quedaré en casa, me tomaré una cerveza bien fría y me iré a dormirla antes de los fuegos artificiales. Me recuerdan tanto a ella. Fue la primera vez que nos besamos, hace años, ahí en la playa, mientras los fuegos artificiales tronaban y nos iluminaban. Éramos unos críos, más o menos como vosotros. Pobre, cuánto la echo de menos.

Álex y Davinia se miran, sonrientes, escuchando aquella historia. Admiran las calles, engalanadas con banderines con los colores rojigualda de la española y otros, color verde oscuro.

—Bueno, yo os dejo aquí. Si buscáis a Eusebio, quien mejor os puede ayudar a partir de ahora es el alcalde —concluye el señor de la furgoneta, señalando hacia la puerta de entrada al ayuntamiento, un edificio muy pequeño—. Por cierto, me llamo Manuel.

—Yo soy Álex y ella es Davinia. —Se dan un apretón de manos, una ruda y áspera. La otra, suave y sedosa.

—¿Sois pareja?

—No —contesta Álex, algo nervioso, mirando de reojo a su amiga.

—No, qué va —añade Davinia, sin evitar que una carcajada escape de sus labios.

—Somos... buenos amigos —aclara el joven.

—Eso.

—Pues... una pena. Porque haríais muy buena pareja —concluye Manuel, con una sonrisa. Los jóvenes se miran, algo nerviosos y sonrojados, echan a reír—. No sé por qué, pero me recordáis tanto a mí y a mi Manuela cuando éramos chiquillos.

Caminando hacia la puerta del ayuntamiento, por aquellas solitarias calles, admirando aquellas casas tan hermosas, algunas empedradas, en silencio, qué estampa más bella, la furgoneta se aleja, quebrando aquella paz. Se despiden de Manuel que feliz marcha. Pudo compartir sus sentimientos con alguien. Estaba tan solo...

—Anda que... pensar que seamos pareja, ¿eh? —comenta Álex, tratando de romper ese incómodo silencio que nació de nuevo entre ellos—. Qué hombre más loco.

—¿Te imaginas que lo fuéramos? —Davinia mira a su amigo, que casi hiperventila. Trata de bajar la mirada, su corazón de nuevo le palpita a un ritmo frenético.

—No... ni se me pasa por la cabeza.

—Ya, claro. Era «un suponer» —aclara Davinia, que baja también la mirada, gesto serio, se pregunta en su interior por qué se sentía así, tan incómoda ante ese comentario de su amigo. ¿Quizás ella deseaba aquello que era «un suponer»? Traga saliva.

Entran al ayuntamiento. Vacío, aunque la puerta abierta, tan siquiera un conserje o alguien pendiente. Ancha es Castilla. Caminan pasillo adentro. Llegan a la oficina del alcalde. Su nombre está anunciado por fuera. Julián Lagares Sanjuan. Puerta entreabierta. Tocan con timidez. Alguien les invita a pasar. Los jóvenes entran, paso lento. Allí está él, un joven alcalde que se pierde entre documentos y carpetas que trata de ordenar. Su mirada, aquellos verdosos ojos, es lo que más le resalta. A Davinia le encanta, no puede evitar dedicarle una sonrisa.

—¿Puedo ayudaros en algo?

—Verás, señor alcalde. Buscamos a un hombre que vive en el pueblo. Se llama Eusebio Lagares Ramos. Nos han dicho que aquí nos podría dar información sobre su paradero —interviene Álex.

—¿Por qué le buscan? —pregunta Julián, curioso, soltando aquellos papeles y acercándose a los jóvenes.

—Es una historia un poco larga —responde Álex, mientras que Julián asiente con la cabeza, gesto de que quiere saber más—. Bueno, en realidad, él y mi abuela hace años tuvieron una aventura, o eso creemos. Y queremos encontrarle para hacerle saber que, a día de hoy, mi abuela no le olvida y que me haría muy feliz volver a unirles tantos años después.

—¿Una aventura con tu abuela? —Julián frunce el ceño—. ¿De dónde venís?

—Del sur, de un pueblo llamado Almedinilla.

Julián cierra los ojos, da un fuerte suspiro y se acerca a Álex, colocando la mano sobre su hombro derecho. Leve palmada. El joven lo mira, inquieto.

—Os llevaré con él. Es mi padre.

24

Nadie quiso faltar para dar su último adiós a Prudencio, más conocido como el Nani, un señor querido entre los vecinos más longevos del pueblo. Aquella mañana, aunque veraniega, lloviznaba. Un uniformado Borja acompañaba a Luz María, visiblemente emocionada, quien no se separaba de su madre, unidas ambas en el dolor, enlutadas. Apenas lágrimas quedaban en los ojos de ambas. Martirio trataba de mantenerse íntegra, pero no ocultaba su tristeza. Mirada compasiva hacia aquella caja de madera que bajo el suelo se hallaba, a punto de enterrarse, donde yacía su marido, recordando los momentos felices junto a él, su juventud, su boda, el nacimiento de sus hijos o los momentos en las fiestas del pueblo. Tímida sonrisa. «Qué felices hemos sido», pensó para sí misma. Un resoplo. Ya podía descansar ella también. Fueron meses muy duros, por la enfermedad que padecía. Su hija, en cambio, no quería mirarla. Se ocultaba entre los brazos de su prometido, quien la abrazaba, semblante serio, mientras atentos oían la homilía del padre Froilán.

—Porque Prudencio siempre fue un vecino muy querido por todos. Alguien que estaba dispuesto a ayudar a los suyos, a dar lo que buenamente tenía a cambio de nada, a abrir la puerta de su casa a quien necesitase un cobijo. Dios, en su eterna gloria, lo recogerá con cariño. Ha sido su voluntad. Y respetarla debemos.

Tampoco se quiso perder aquel triste acto Imanol, quien no dejaba de negar con la cabeza. Era su médico y se sentía culpable. A su lado, sin quitarle el ojo de encima, estaba Paul, mirada sospechosa, junto a otros militares que quisieron acompañar a Borja. De vez en cuando, volvía sus pupilas hacia este. No entendía el porqué de aquellas miradas.

Una vez el acto concluido, tocó asumir que Prudencio no volvería nunca más. Ya estaría por siempre bajo aquellas tierras y su alma junto a la de Dios. Borja acompañó a casa a Luz María y a Martirio. Por su parte, Imanol marchó en dirección contraria. Fue perseguido por Paul y los hombres que le acompañaban. Una vez llegaron a una esquina donde nadie había, ordenó que le atraparan. Imanol trató de huir, pero poco pudo hacer. Fue apresado y llevado ante Paul, vacilante mirada, una vez más.

—Ahora, tú me vas a contar algo que necesito saber.

Ordenó que lo llevaran al cuartel que tenían instalado junto al ayuntamiento. Imanol trató de resistirse, pero no pudo. Las miradas impasibles de los vecinos, cómplices, algunas con regocijo, otras vacilantes, otras lastimosas, pero nadie, nadie hizo nada por alguien que lo dio todo por aquel pueblo.

Llegaron a su casa. Martirio tomó asiento en su butaca, mirada perdida en ese enorme retrato de su marido. Ya nunca más volvería a verle. Dolor por esa pérdida, alivio porque se había convertido en una carga. Sus arrugas, sus pupilas, todo lo decían. Suspiro contenido. Para Luz María era un poco más complicado aceptar que ya nunca lo verá sentado en su butacón, el que contempló llorando sin parar, asumiendo la realidad, ni le preguntará por sus caballos, esos que tanto amaba, ni volverá a entretenerla con sus historias. Todo eso había terminado. Y ella no dejaba de martirizarse, pensando que mientras su padre agonizaba, ella gozaba de una noche de placer junto a Eusebio, cometiendo uno de los pecados capitales más graves. Mientras su padre la necesitaba a su lado, ella le dio la espalda. Mientras su padre se marchaba, ella no estuvo ahí, para despedirse. ¿Cómo perdonarse aquello?

—Oye, princesa, yo me tengo que marchar a mis labores. Pero si quieres, me quedo contigo el tiempo que necesites. Ahora nada me importa más que estar contigo —ofreció Borja, besándola en la frente y en la mejilla.

—No te preocupes. Se me pasará —dijo Luz María, secando sus lágrimas—. Anda y ve a tus labores.

—¿Estás segura? —Acarició su rostro con mimo—. Tengo hombres de sobra para que me echen un capote. Si me lo pides, me quedaré a tu lado.

—De veras. Marcha sin problema. Luego te veo.

—Está bien. Te veré luego —se despidió Borja, besándola en la mejilla. Hizo lo mismo con respecto a Martirio.

Cuánto silencio de pronto. Qué soledad. Echó de menos aquellos gritos de Prudencio, llamándola para que le ayudase a ponerse en pie o bajar las escaleras. Luz María, aún en ese estado de *shock*, deambulaba por el salón, contemplando aquellos retratos donde aparecía su padre. Se detuvo, sobre todo, en ese donde él la sostenía siendo ella un bebé, feliz, radiante, admirando a la niña de sus ojos. «Papá, siempre fui lo que más querías. Y yo te he dejado morir solo. No me lo perdonaré nunca». Cerró sus ojos, los oprimió con rabia, quiso gritar, pero se contuvo. Sus labios apretó.

—Será mejor que preparemos la casa. Pronto vendrán todos a darnos su pesar y hay que atenderles como merecen, como tu padre hubiese querido —ordenó Martirio, en pie, tono serio. Luz María asintió y caminó a su lado, para ir hacia la cocina. La detuvo, agarrándola del brazo. Clavó en ella aquellos ojos marcados por el dolor. Penetró en sus dolidas y acristaladas pupilas aquella mirada acusadora—. ¿Dónde estuviste anoche?

—Tuve... que salir a las caballerizas —respondió Luz María, mirada al vacío, voz quebrada.

—Sus labios te nombraron. Fuiste lo último en lo que él pensó y tú no estabas —recordó Martirio, tono cruel en sus palabras—.

«¿Dónde está mi Lucero?», repetía una y otra vez mientras se apagaba. Espero que te arrepientas toda tu vida.

—Madre, por favor, ya tengo suficiente con esta cruz que me pesa tanto —imploraba Luz María, que volvió a llorar, culpable se sentía.

—Amas a esos caballos más que a tu familia, pero no dejan de ser bichos y animales que no importan nada.

—Eran los caballos de padre. Los cuido porque sé lo mucho que le importaban, así que no hables así de ellos —le espetó Luz María, clavando una dura mirada en las pupilas oscurecidas de su madre. Apenas parpadeó.

—Pues más te vale que te hagas a la idea de que tendremos que deshacernos de ellos. Venderlos y sacar algo de dinero por esa porquería que tu padre tenía —soltó el brazo de su hija—. De lo contrario, no sé cómo lo haremos para seguir adelante.

—Pero, madre, no podemos hacer eso. Las caballerizas eran de padre. Era su felicidad.

—Padre ya no está, Luz María. Acéptalo. —Martirio elevó el tono—. Y ahora, nada nos queda. Recemos mucho para no vernos en la obligación de vender esta casa.

—¿Tan mal estamos?

—Tu padre solo nos ha dejado deudas, hija —asintió violentamente Martirio—. Deudas que nosotras solas no podremos afrontar.

—Saldremos adelante, madre. Algo se nos ocurrirá. Ahora no es el momento de pensar en esas cosas.

—Claro que lo es, irresponsable. ¿O pretendes hablar de ello cuando comiencen a llegar los vecinos? Para que hablen por ahí y estemos en boca de todo el pueblo —dijo Martirio, acariciando el pelo de su hija, mientras ella volvía a bajar la mirada—. He visto a Borja muy tenso. Desde que ayer noche saliste de aquí sin dar explicaciones y le dejaste tirado, te mira con otros ojos.

Él se ha comportado como un verdadero hombre, a tu lado en todo momento, dándote su cariño, su apoyo y su amor en estos momentos, pese a todo. Y, sin embargo, en tus ojos solo se aprecia indiferencia. ¿A qué juegas, Luz María?

—No sé lo que quiere decir, madre. —Luz María trató de contener aquellos temblores que le recorrían el cuerpo.

—¿Qué quiero decir? ¿Es que no te das cuenta que lo vas a perder? Es tu prometido, hija —advirtió Martirio, de nuevo, alzando la voz, cerciorándose de que nadie llegaba a la casa—. Que te cases con él es lo único que nos salvaría, hija. ¿Es que no lo entiendes? Tiempos duros nos esperan, no solo a nosotras, sino a todos. Debemos elegir bien las cartas que jugar. Y Borja es un gran partido. A su lado, estaremos a salvo. Esa boda es nuestra última esperanza, hija. —Martirio miró cada rincón de la casa, apenada—. Nuestro hogar, nuestros recuerdos... quedarán en nada, ¿es eso lo que pretendes? ¿Pretendes ver a tu pobre madre tirada en la calle, como una pordiosera, pidiendo limosna para poder comer?

—¿Y si no le amo como quisiera amarle? ¿Es que no importa lo que sienta?

—Si no le amas, aprenderás a amarle. Serás su esposa y aceptarás servirle hasta que la muerte os separe —respondió en un cruel imperativo Martirio. En los juveniles ojos de su hija, clavó los suyos, curtidos en años—. Somos mujeres. No tenemos otra elección. Cuanto antes lo aceptes, mejor. Y, ahora, ayúdame a preparar el salón.

Mientras Martirio lo acondicionaba, Luz María se ocultó en la cocina. Allí, llena de rabia, superada, comprendiendo que nada podía hacer, descargó su ira lanzando una vasija contra el suelo. En una esquina, se acurrucó y echó a llorar, rompiendo sin poder remediarlo, con ese destino que en sus ojos se dibujaba, lleno de felicidad e ilusión, junto a Eusebio.

25

Una casa sencillita, a pocos metros del centro del pueblo. Allí vive Eusebio. Julián se cerciora que su padre se encuentra dentro, ya que la puerta está entreabierta y el televisor a todo volumen.

—Ahora sale poco y se la pasa el día entero viendo la tele —comenta su hijo Julián—. La pone tan fuerte porque apenas oye.

Álex no puede esconder el nerviosismo que siente, que le invade y le hace casi vibrar. Allí, a su lado, camina Davinia, que le da palmaditas en la espalda para que se calme, que todo irá bien. Muchas son las preguntas que se hace. ¿Cómo será? ¿Cómo reaccionará cuando le cuente quién soy? Pero, a la vez, feliz, pues está convencido de que le hará recuperar las ganas de vivir a ese anciano que, poco a poco, se aleja de la luz y se encierra en su cueva, su prisión. Julián les dice que pueden pasar. Y eso hacen. Aquel olor le recuerda tanto a la casa de su abuela... Muebles antiguos, algo llenos de polvo y una enorme librería donde guarda gran cantidad de libros. Una enorme bandera roja, amarilla y morada —la de la Segunda República— da color a aquel salón. Permanece en aquel enorme sillón marrón. Mirada perdida en aquella caja tonta. Por él, los años también pasaron como una apisonadora. Rostro arrugado, imponentes canas y unos problemas auditivos eran el resultado de una vida marcada por la sombra del exilio, de ser considerado un enemigo de una patria a la que amaba como nadie. Sus rugosas manos, encalladas, fiel reflejo de la experiencia de una vida cruel, sacrificada, lejos de la que anheló vivir una vez.

—Papá, mira. Estos chicos han venido a verte. —Alza su voz Julián poniéndose frente a él, cortando así su visión que apunta al televisor.

Se vuelve a ellos, sin decir nada. Mira a Álex, ojos como platos. El joven traga saliva, nervioso, dibujando una tímida sonrisa.

—Esa mirada... la misma mirada —dice Eusebio, voz algo débil.

—Buenas tardes —saluda Álex, rascándose su gruesa cabellera—. Mi... mi nombre es Álex. No nos conocemos, pero he recorrido medio país porque ansiaba encontrarle.

—¿Por qué? —Eusebio agarra su bastón, ceño fruncido. Aún oír de labios de un extraño que le buscaba le causa una reacción casi autómata, tras un pasado donde obligado se vio a sospechar hasta de su sombra.

—Hace muchos años, usted fue maestro en la escuela del pueblo de mi abuela. En Almendinilla, ¿lo recuerda? —cuenta Álex, despojándose de su mochila, de la que extrae aquella caja de metal. Eusebio, al oír el nombre de aquel pueblo, contiene la respiración, su rostro se torna pálido y su mirada se vuelve gris. El joven abre la caja, la coloca ante Eusebio, que mira lo que en su interior hay, boquiabierto—. Allí, la conoció. Ella se llama Luz María. Seguro que la recuerda. Ella es mi abuela.

—La luz que guía mi camino —dice Eusebio, emocionado, admirando aquellos escritos y cartas antiguas. Vuelve sus pupilas hacia Álex, cariacontecido, tocando con sus manos aquellos papeles sobre los cuales una vez deslizó su suave pluma—. Luz María, mi ángel.

—Quería que supiera que ella no le olvida. Que le menciona a diario, que seguro anhela volver a encontrarse con usted. Sé que, una vez, fueron felices. Que se amaron, no sé hasta cuánto.

Y sé que ese amor aún perdura, al menos, en ella. Lo veo en sus ojos, cada día.

—Ella me salvó —sigue Eusebio, expresando en su envejecido rostro una mueca de felicidad—. Era tan hermosa... Me robó el corazón.

—Ahora ella está enferma. Pronto... olvidará todo y a todos quienes a su lado estamos, sus recuerdos se disiparán. Despertará una mañana y no sabrá ni quién es —explica Álex, apenado—. Por ello, me haría tan feliz volver a uniros. Que podáis resucitar ese amor que nunca se consumó. Que viváis vuestra historia, como merecéis. Que no renunciéis a esta oportunidad que la vida os ofrece.

Sosteniendo en sus manos aquel poemario de Miguel Hernández, recuerda aquellas tardes en las que le enseñó a leer y a escribir, aquellos momentos felices en aquellas caballerizas. Aquellos besos, aquellas promesas que nunca se cumplieron, aquellos planes que nunca se realizaron, en papel mojado se quedaron. De pronto, el sonido de un trueno zumba en su cabeza, noche lluviosa. Se miraban, se decían adiós. Él se alejaba a lomos de un caballo de nombre Galán. Ella le miraba, entre lágrimas, empapada, junto a aquel ciprés. Su respiración descontrolada, el aire le falta. El pecho le presiona, siente cómo un puñal se le clava y le retuerce, una angustia que le impide pronunciar palabras. Aquel recuerdo le removió. Julián trata de calmarle, pero no puede. Pide a Álex y Davinia que salgan. No les queda otra más que acatar y esperar que nada grave ocurra, mientras el médico llega a toda prisa para explorarle. Desde la distancia, a pocos metros de su casa, siguen de cerca lo ocurrido.

—Demasiadas emociones —dice Davinia, pasando su mano por el hombro de su amigo.

—Hay algo más, Davinia —pensativo, Álex aprieta los labios—. Estaba feliz y, de pronto, algo ha venido a su cabeza que lo ha alterado.

—Los años de la guerra fueron años duros. No es fácil rememorarlos. Recuerda lo que nos contaba el profe de historia en clase.

—Será eso —se conforma Álex, que no pierde detalle de lo que pueda pasar en aquella casa.

26

Aquella grisácea tarde, enlutada aún, y lo que le quedaba portarlo, se dirigió hacia las caballerizas Luz María, mirada perdida, paso lento. Trató de evitar a esos vecinos que le avasallaban para darle el pésame, como si no hubiera tenido bastante durante toda la mañana y la tarde en su casa. Imposible zafarse de sus garras. A trompicones, consiguió llegar. Allí, un preocupado Eusebio la esperaba. Al verla entrar, se abalanzó contra ella para abrazarla y besarla, dolido por no haber podido estar a su lado en un momento tan cruel.

—¿Cómo estás, preciosa? —La rodeó con sus brazos, compasivo. Luz María dio un empujón a Eusebio, alejándole de ella y caminó, en silencio, por aquellas caballerizas, cerrando sus ojos, sumergiéndose en recuerdos que la abordaron en ese momento, tan especiales, que volvieron a humedecer sus ojos—. Luz María, sé... que es duro perder a un padre, pero...

—Cuando era niña, él me traía a diario aquí. Él me enseñó a amar a los caballos, a cuidarles con pasión y a darles lo mejor —recordó Luz María, interrumpiendo a Eusebio. Se acercó a los caballos, los acarició—. Me decía... que el caballo era el animal más fiel y bondadoso que había en el mundo. Que aquellos que les hacían daño a estos animales eran unos crueles demonios que no merecían vivir. Les tenía tanto aprecio... Eran su vida.

—Él está orgulloso de la hija que tiene, Luz María —continuó Eusebio, acercándose a ella, acariciando su rostro—.

Has sabido cuidar de su más preciado tesoro cuando él más lo necesitaba.

—No lo entiendes, Eusebio. Él me lo dio todo en la vida, y yo le he fallado cuando más me necesitaba —se lamentó Luz María, voz entrecortada—. Sus últimas palabras fueron mi nombre. Y no estuve allí para que pudiera despedirse de mí.

—No te mortifiques por ello, Luz María —trató de calmarla Eusebio, colocando sus manos sobre los hombros de la joven—. El destino, a veces, es así de caprichoso. Pero, aunque no estuvieras a su lado, él sabía lo mucho que lo amabas. No le has fallado, porque siempre has estado ahí.

—Le he fallado, Eusebio —insistió Luz María, mirada furtiva, vidriosa—. Y no puedo volver a hacerlo. No puedo permitir que su nombre se manche, que pierda todo aquello por lo que luchó. Que le arrebaten aquello que daba sentido a su vida. No puedo permitirlo. Lo tienes que entender.

—Luz María, ¿qué me estás queriendo decir con esto? —Eusebio arqueó una de sus cejas, mientras apreciaba cómo Luz María se alejaba unos pasos, volviéndole la mirada—. Luz María...

—Lo nuestro no puede ser, Eusebio —respondió Luz María, tono serio, firme, contundente, agresivo, como esa mirada penetrante que desarmó al joven maestro, cuyo corazón pareció romperse en añicos—. Ahora, todo se ha desvanecido. Todo ha cambiado.

—¿Por qué, Luz María? —Sus ojos se humedecieron. Su voz se quebró—. Yo te quiero. Y sé que tú me quieres. Nos lo demostramos anoche. Te sentí conmigo como sé que jamás sentiré a nadie. ¿Por qué terminar ahora esta historia tan bonita?

—No me queda elección, Eusebio —sentenció Luz María, suspiro profundo, mirada al vacío. De nuevo, la alzó y clavó en las verdosas pupilas temblorosas del joven maestro—. Tengo que casarme con Borja. Es la única forma de preservar aquello por lo que mi padre se dejó la vida. La única manera de seguir luciendo su apellido limpio. A veces, en la vida, toca tomar decisiones sacrificadas, asumirlas y mirar al frente, sin más. Renunciar a aquello que amas... por amor.

—¿Condenarte a una vida que no anhelas? ¿Es eso, Luz María? —Eusebio se limpió con la mano derecha las lágrimas que por sus mejillas discurrían, mientras que Luz María resopló. La agarró del brazo. Se acercó a ella, encarándola, frente con frente—. Vas a entregar tu corazón a alguien que no le corresponde, vas a asumir ser infeliz el resto de tus días, vas a subordinarte a alguien que no te valora, solo porque te sientes culpable de la muerte de tu padre. ¿Piensas que por sacrificar tu vida ganarás algo? ¿Crees que tu dios te perdonará algo de lo que no eres culpable? ¡Maldita sea, Luz María!

Eusebio la soltó y se volvió de espaldas a ella. No pudo evitar llorar, mientras Luz María hacía lo mismo, mirada fija en el suelo. Tomó aire, un poco de energía. Caminó unos pasos y se colocó junto a él. Con su mano, agarró su hombro.

—Gracias, Eusebio. Por todo lo que has hecho por mí en este tiempo. Por hacerme feliz. Por amarme como sé que nadie me amará nunca. Yo te amaré toda mi vida. Serás mi único amor.

—¡Pues entonces renuncia a todo y huyamos! —exclamó Eusebio, volviéndose hacia ella, de nuevo, clavando su triste mirada en las pupilas apagadas de esta—. Por favor, Luz María, no aceptes una condena de por vida. No renuncies a ser feliz.

—Será mejor que te marches hoy mismo, Eusebio. No es conveniente esperar más —concluyó Luz María, tras un silencio que, entre ambos, se produjo. Se alejó de él, caminando hacia la puerta. Antes de marcharse, le volvió a mirar—. Le diré a Imanol que nos eche una mano. Vendré esta madrugada.

Luz María salió de las caballerizas, caminó por la era y llegó hasta el lago, donde se sentó durante horas, alejada de su hogar, repleto de vecinos que fueron a dar su pesar a la familia. Allí, mientras observaba el agua discurrir, lloró, se tocó el pecho. «Perdóname, corazón, por no hacerte caso esta vez». Eusebio, hundido, se acurrucó en una esquina, ocultó su cabeza entre sus brazos, cuyas manos agarraron sus rodillas y recordó la noche anterior, donde fueron felices, donde se entregaron el uno al otro.

27

Larga se hizo la espera. Al fin, los doctores salen de la casa de Eusebio y, junto a ellos, Julián, quien los despide, mueca de preocupación, mientras observa cómo marchan. Camina hacia Álex y Davinia, impacientes por saber qué tal fue todo. En sus manos, parece portar un libro.

—Chicos, me temo que vuestra aventura ha tocado su final. Mi padre no está en condiciones de recibir visitas —explica Julián, que da un fuerte suspiro, algo aliviado tras lo vivido—. Ha sufrido una crisis severa. Desde que enviudó, hace años, es algo que se repite constantemente cuando se enfrenta a situaciones algo delicadas o algún tipo de sobresalto. Por eso, apenas sale de casa. Es mejor que tome todo tipo de precauciones.

—Pero se le pasará, ¿no? —pregunta Álex, quien no puede evitar sentirse un poco culpable.

—Claro, pero necesitará unos días. —Julián observa al joven adolescente, cabizbajo—. Oye, siento mucho que te sepa a poco este viaje. Por ello, quiero regalarte algo.

—¿Regalarme algo?

—Este libro. —Julián le muestra un ejemplar especial, con una encuadernación muy elegante. En la portada, se puede leer «La luz que guía mi camino»—. Hace años, cuando era niño, observaba que mi padre, todas las noches, subía a su rincón de escritura y se ponía a escribir. Muchas veces, le oía llorar, mentar un nombre. Era el de tu abuela. Luz María. Así que, cuando crecí, le pregunté por esa mujer que le robaba el sueño cada noche. Y me dijo que fue la mujer a quien más amó, por encima incluso de mi madre. Fue cuando me mostró este libro. Nunca lo publicó. Decía que era algo que quería tener, guardado, en secreto, como ese amor que sentía por tu abuela, que solo compartió conmigo. Ni siquiera lo hizo con mis otros dos hermanos.

—Gracias, pero... no debería llevármelo, si tan especial es para él.

—Es la mejor forma de llevar algo de Eusebio Lagares a Luz María —insiste Julián—. Es la única forma de hacerles sentir juntos de nuevo. Puedes leérselos, todos son dedicados a ella. Así ella también sabrá que mi padre jamás la olvidó, aunque dejase de escribirle. Sí. Yo también sabía lo de las cartas.

—En ese caso, se lo agradezco de corazón. —Álex agarra aquel libro, con una sonrisa algo forzada en sus labios.

—A propósito, se hace tarde y, en breve, caerá la noche. Lo mejor será que durmáis en el pueblo. Mañana temprano os llevaré a la estación para que podáis tomar un tren de vuelta. Yo correré con los gastos.

—No se preocupe, Julián. Nos las arreglaremos. —Álex mira a su amiga, que se encoge de hombros—. Preferimos emprender la vuelta cuanto antes.

—Insisto, joven. Además, hoy son las fiestas del pueblo. Así podéis pasaros un rato. —Ambos se miran, como diciéndose, «¿qué hacemos?»—. Venga, vamos. Os acerco a un hostal que hay aquí cerca. Aunque estamos en temporada alta de viajeros y turistas, seguro que os consigo una habitación para que descanséis esta noche.

No tienen elección. Julián casi los arrastra al coche. A pocos metros, aterrizan en ese hostal. Caminan, a paso lento. Es pequeño, pero acogedor. En la recepción, una jovencita muy guapa, sobre todo lindo es aquel cabello rizado castaño que luce. Se llama Verónica y mira a Álex, ojos como platos, boquiabierta, como si hubiera visto un ángel. Davinia se percata de ello y tuerce su rostro, mustio.

—Lo dicho, chicos. Os he conseguido una habitación —anuncia Julián, que se acerca a ellos junto a Verónica—. Ella es Verónica. Su madre es la dueña del hostal y ella le ayuda. Os acompañará a la habitación. Os veo mañana.

Julián marcha, a paso rápido. Verónica no quita ojo al joven, que le dedica una sonrisa, algo nervioso.

—Bueno, acompáñenme —dice la chica, mostrando el camino, que no es demasiado largo. Solo tienen que subir una planta, en silencio. Sigue mirándole, sonriente. Llegan a la habitación—. Es aquí.

—Gracias por todo, Verónica.

—No hay de qué. El cuarto tiene dos camas. No sé si es lo que esperabais.

—Está bien así —asiente Álex.

—Ah, no sé. Pensaba que erais pareja...

—No, no lo somos —niega Álex, mirando a Davinia, rostro aún grisáceo, mirada tensa contra Verónica.

—Ah, pues entonces, puedo invitarte esta noche a que me acompañes a las fiestas del pueblo, ¿te apetece? —pregunta Verónica, atrevida, se nota que tiene un año más que ellos. Roza los dieciocho.

—Pues... no sé qué responderte. —Aquella propuesta le pilla por sorpresa. Se rasca la cabeza, mirando a Davinia, como si esperase su visto bueno, pero ella a lo suyo, se muerde los labios—. Verás, es que hemos venido desde lejos y estamos algo cansados.

—Bueno, si cambias de opinión, me tienes abajo —concluye Verónica, que sonrisa hipnotizadora en su hermoso rostro, entrega las llaves de la habitación y marcha. Álex se queda mirándola.

—¿Entramos? —interrumpe Davinia, tono seco.

Acogedora aquella habitación. Dos camas separadas y un cuarto de baño, para qué más. Una ventana que da a la calle, donde el ambiente comienza a animarse. Sentado sobre el borde de la cama, Álex contempla aquel libro. Rostro serio, algo triste, decaído. Davinia, al verle así, se acerca y toma asiento a su lado.

—Todo ha sido en vano, Davi —se lamenta—. Mi ilusión era verlos de nuevo, unidos. He soñado con ese momento desde que me lancé a esta aventura. Era la última oportunidad de ver feliz a mi abuela.

—No digas eso, Álex. Ella ya es feliz. Rodeada de aquellos que la quieren, cuidándola cuando más lo necesita. Sus hijos, que han sacrificado su vida por estar con ella.

—No me refiero a eso —insiste Álex, volviendo su triste mirada hacia ella—. No es el mismo amor. Ni esa misma ilusión.

—Sé lo que me quieres decir.

—He fracasado como nieto. —Alex mira al vacío, resoplando contra sus manos, que taponan sus labios.

—¿En serio piensas así? —pregunta Davinia, algo sorprendida al verle tan decaído—. Mira, Álex, has tenido el valor de llegar hasta aquí. Has hecho ver a Eusebio que el gran amor de su vida aún le ama. Seguro que, pese a ese problema que ha tenido, le has alegrado el día y, convencida me hallo, todo lo que le resta de vida. Porque, en el fondo, le has devuelto una ilusión que creía perdida. Lo has dado todo. Lo has intentado, pero, a veces, las cosas no terminan de salir como uno espera. Lo que cuenta es el camino. Y, si te sirve de consuelo, ir contigo ha sido lo más que me podía pasar este verano.

—Dar todo a veces no es suficiente.

—Darlo todo, en la vida, es algo fundamental si queremos llegar lejos en aquello que nos apasiona. Es algo que no debemos perder de vista.

—Tú y tu filosofía —bromea Álex, alzando de nuevo su mirada contra los ojos de su amiga. Esboza una sonrisa y suelta una leve carcajada. Se miran, en silencio, unos segundos—. Gracias, Davinia. Por acompañarme en esta aventura. Por estar siempre ahí.

—Para eso estamos... los amigos —dice Davinia, mueca de felicidad. Se abrazan, se vuelven a mirar. Álex tirita, se muerde el labio, baja la mirada, sonrojado. Davinia hace lo propio, perdiendo su mirada a través de la ventana.

Álex vuelve hacia aquel libro. Lo abre y se sumerge en sus páginas. «A mi Luz, mi amor prohibido, mi ángel. La única dueña de este atormentado corazón» se puede leer en una dedicatoria que nadie salvo Eusebio —y seguramente su hijo Julián— habían leído. Alegre y emocionada mueca la que expresa aquel joven, pensando en su abuela. En el interior, una serie de poemas, todos ellos dedicados a Luz María. Son más de cien. Al verle, Davinia se acerca.

—Son... preciosos —dice Álex, leyendo uno de ellos, cuyo título decía algo así como «La noche que nos sentimos»—. *Noche estrellada, la que cubría el cielo. Luna hermosa, fogosa, como nuestros cuerpos, fogosos, ardientes y deseosos de sentirse unidos. Noche aquella con olor a pólvora, más tu cuerpo la endulzó con jazmín y rosas. Fundidos en uno, corazones desbocados, miradas cristalinas, emocionadas, gozaban de placer. Noche aquella donde nos amamos por primera vez. Noche aquella que nunca pude olvidar.*

—Eso quiere decir que...

—Lo hicieron. —Álex suelta una leve carcajada, al igual que su amiga—. Ahora entiendo lo que quería decir en esas cartas.

—Seguro que fue una historia de amor preciosa, entre dos almas que se amaron con locura, pero... algo hizo que todo se truncara. —Davinia camina en círculos, mirada perdida en el techo de aquella habitación—. Ese debe ser el secreto que les une.

—Mis abuelos se casaron en plena guerra civil —aporta Álex, pensativo—. Quizás... cuando esto ocurrió, mi abuela ya estaba comprometida con mi abuelo. Y fue durante este periodo cuando ayudó a Eusebio. Por eso discutían tanto.

—¿De qué hablas, Álex?

—Mi madre me contó que mi abuela trataba de evitar hablar sobre Eusebio en casa, pues eso enfurecía a mi abuelo. Todo... porque no pudo atraparle. Porque se le escapó.

—Entonces, ¿tu abuela escondió a Eusebio de tu abuelo? —Davinia frunce el ceño, mientras Álex asiente—. Joder, cuanto más conozco de esta historia, más me emociona.

—Nos movemos por suposiciones, Davi —recuerda Álex—. No conocemos a fondo la historia. Solo tenemos las cartas y este libro. Lo que pasó de verdad queda y quedará en ellos.

—Algo que nunca han olvidado —añade ella, sentándose sobre su cama—. Un amor eterno...

Álex se sienta en la suya. Continúa leyendo aquellos poemas. Se detiene en uno. Su título le hace zambullirse en él.

—*Eterno ciprés* —lee en voz alta. Mira a su amiga, que le devuelve la mirada, extrañada—. ¿Recuerdas aquella carta en la que le hablaba del ciprés? Siempre ha sido muy especial para mi abuela.

—Cierto —asiente Davinia.

—*Llovía a mares. Subidos a lomos de Galán, el ciprés fue testigo de nuestro último beso, de nuestro adiós. Nuestros corazones se soltaron, nuestros pies discurrieron opuestos. Maldito y cruel destino al que abocada te veías a aceptar. En aquel ciprés quedó nuestro amor, nuestro recuerdo, nuestro mayor secreto. En aquel ciprés espero encontrarte algún día y amarte como te amo* —lee Álex, que regresa hacia una parte del mismo, releyendo—. Nuestro mayor secreto. ¿A qué se referirá?

—Todo apunta a que allí fue donde se despidieron. Quizás por ello es tan especial para ambos —aporta Davinia, encogiéndose de hombros.

—Tiene que haber algo más, Davi —insiste Álex—. Este poema oculta mucho más de lo que sus palabras muestran.

Davinia alza sus manos y retira el libro a su amigo. Él la mira, rostro de circunstancia. «¿Qué haces?», se pregunta, aunque no lo hace directamente a ella.

—Quedémonos con que ambos vivieron un amor fugaz e intenso y que fueron felices una vez. No vamos a lograr mucho más removiendo sesenta años atrás.

—Oye, Davi...

—No puedes permitir que esta historia te vuelva loco, Álex —continúa Davinia, tono de voz suave—. No puedes tirarte toda la vida tratando de descifrar los sentimientos de dos corazones heridos que han preferido guardar lo que sienten. Pongamos fin a esta historia. —Agarra sus manos—. Por tu bien.

Álex siente que, en parte, aquellas palabras de su amiga están cargadas de mucha certeza. Y es que, esa historia de su abuela y el maestro no le deja dormir casi, le envuelve como un papel a una magdalena y solo piensa en llegar a ese secreto que ambos ocultaban. A verlos de nuevo unidos, sesenta años después. Pero se había olvidado de sí mismo.

28

—*Lluviosos ojos que lluviosamente me hacéis penar: lluviosas soledades, balcones de las rudas tempestades que hay en mi corazón adolescente. Corazón cada día más frecuente en para idolatrar criar ciudades de amor que caen de todas mis edades babilónicamente y fatalmente. Mi corazón, mis ojos sin consuelo, metrópolis de atmósfera sombría gastadas por un río lacrimoso. Ojos de ver y no gozar el cielo, corazón de naranja cada día, si más envejecido, más sabroso.*

Ojos cristalinos, con la voz algo quebrada, logró leer aquel poema de Miguel Hernández de un tirón. Es la primera vez que lo consigue, sentada junto al lago, junto a aquel ciprés. «Todo es gracias a Eusebio, al hombre de mi vida, y lo tengo que dejar ir», se lamentó Luz María, con los brazos acodados sobre sus rodillas, admirando el agua discurrir en paz. Recordaba las primeras lecciones, los ánimos que le daba su maestro, esas palabras que le dedicaba, las cuales le hacían sentirse por primera vez tan valorada, tan importante. Su desteñido corazón no soportaba aquella tarde el peso del negro enlutado que cubría su frágil cuerpo de cabeza a pies. Acurrucada, admiraba cómo las nubes tapaban el sol. Se avecinaba lluvia. Tormenta de verano.

—Parece que la noche va a ser dura. —Borja tomó asiento a su lado. Al oírle, Luz María ocultó aquel poemario—. Te he estado buscando. He ido a tu casa, pero no estabas allí. Está casi todo el pueblo.

—No me apetece estar en casa ahora mismo. —Luz María secó sus lágrimas—. Me gusta venir a lugares donde fui feliz junto a él.

—¿Le gustaba este lugar?

—Aquí fue donde me enseñó a nadar —respondió Luz María, esbozando una tímida sonrisa, mientras recordaba esos momentos, como si viviéndolos estuviera, admirando el lago, ese padre y esa hija disfrutando de un día de verano—. Me cuesta creer que nunca más volveré a verle.

—Algún día os volveréis a ver —señaló al cielo Borja—. Él te espera allí arriba. Y desde allí arriba, te seguirá arropando y apoyando. No lo dudes.

—Borja, —clavó en él sus tristes ojos, agarrando sus rudas manos—, quisiera... pedirte perdón por lo que ocurrió anoche. No sé por qué actué así, pero te prometo que no volverá a suceder.

—No tiene importancia, Luz María —dijo Borja, acariciándole el rostro, lanzándole un guiño y una sonrisa—. Está olvidado, en serio.

—Quiero que sepas que te haré el hombre más feliz del mundo cuando nos casemos.

—Y yo a ti, princesa mía.

Unieron sus cabezas y se fundieron en un gris beso para ella, dulce para él. No pudo contener sus lágrimas mientras pensaba en Eusebio. Borja la abrazó fuertemente.

—Tranquila, preciosa mía. Es normal que te sientas mal. Perder un padre no es nada fácil. Yo sé lo que es eso. El mío murió cuando solo tenía cinco años. Apenas tengo recuerdos con él —comentó Borja, nostálgico—. Al menos, tú has podido darle todo el amor que merece.

—No sabía eso de tu padre, Borja.

—Ya sabes que no me gusta hablar de mi vida pasada —sonrió entre dientes Borja—. Tú, para mí, eres el futuro.

Continuaron durante un largo rato abrazados, en silencio, admirando cómo el cielo se poblaba de nubarrones y la tarde se volvía gris. El rostro de Borja se tornó serio.

—Luz María, tengo que contarte algo.

—¿Qué ocurre? —preguntó ella, sorprendida ante el oscuro tono de sus palabras—. Borja, ¿qué es eso que tienes que contarme?

—Me envían a otra zona, para dar apoyo logístico —respondió Borja, entre resoplos—. No puedo decir que no. Tenemos que ganar esta guerra.

—Pero ¿dónde vas? ¿Y si te pasa algo?

—No me va a pasar nada, amor mío. —Abrazó de nuevo a su prometida—. Soy un gran soldado del ejército español y sabré defenderme. Volveré para casarme contigo. Te lo prometo.

Por unos momentos, Luz María cerró los ojos, imaginándose un futuro donde Borja nunca regresara, donde las ataduras no existiesen. Allí estaba ella, radiante de felicidad, a lomos de aquel caballo, junto a Eusebio. Ambos emprendían un camino lejos de todo.

—Salgo esta noche —continuó Borja—. Por eso te buscaba. Para despedirme de ti, mi princesa. Te quiero mucho.

Se volvieron a besar. Y allí permaneció, en silencio, contemplando cómo su prometido marchaba hacia un destino incierto, que peligroso podría ser. ¿Qué pasaría? Qué más daba. Su destino, escrito estaba. Su decisión, tomada. No hay marcha atrás. Tocará esperar. ¿Lo único positivo? Que ahora sería más fácil ayudar a Eusebio a salir del pueblo.

29

Acodada en el balcón de aquella habitación, Davinia contempla cómo el sol da sus últimos coletazos y el atardecer da paso a una noche que se prevé festiva en aquel pequeño pueblo cántabro. Ya se puede escuchar cómo una charanga ameniza las calles con música divertida, animando a quienes divagan por ella a bailotear y al mismo tiempo recordarles que pronto comenzarán las fiestas. Los niños corretean bien vestidos, como de domingo, y es que, al ser verano, Mieres se puebla de todos los habitantes que normalmente pasan el resto del año trabajando lejos. A lo lejos, la plaza, donde se oyen algunas pruebas de sonido a la vez que se termina de engalanar con todo tipo de adornos. Toma aire, con fuerza llena sus pulmones con esa fragancia a sal que emana de las rocas del mar que cerca se encuentran. Y es que el año no había sido nada fácil para Davinia. Piensa en su prima Sonia, quien meses atrás, murió joven. Cáncer cerebral, con solo quince años. Qué injusta la vida. No puede dejar de echarla en falta, sobre todo en días como esos, donde se respira aroma de fiesta. Por otro lado, se siente liberada, como si estuviera flotando sobre una nube. Sin ataduras, lejos de quienes considera sus carceleros —sus padres—, quienes ahora no pueden martirizarla con sus férreas normas. Ahora vivía su vida libre y solo deseaba que aquello no acabase, aunque tocaba aceptar que se encontraba en la recta final. Aparece en escena Álex, bien arreglado con un polo color azul marino y unas bermudas algo más informales, el pelo bien peinado y el bote de colonia gastado sobre su cuerpo. Al verle, Davinia esboza una sonrisa, algo sorprendida.

—Vaya, ¿te has puesto así de guapo para ir con esa chica?

—Pues sí —Álex continúa toqueteándose su engominada cabellera—. La verdad es que me apetece mucho.

—Pero si no la conoces de nada —dice Davinia, negando con la cabeza.

—Bueno, por ello quedamos. Así nos conocemos mejor —mueca de felicidad—. ¿Por qué no te vienes con nosotros?

—¿Yo? —Davinia se señala a sí misma, formando una «O» con sus labios—. Paso. Además, ya has visto cómo te miraba. Esa lo que quiere es quedar solo contigo.

—¿Crees que le he gustado? —pregunta Álex, sacando pecho, sonrisa dentada—. La verdad es que es guapa.

—Ya me dirás. Sin apenas conocerte y te invita a las fiestas... —responde Davinia, cruzándose de brazos, tono gris en su voz—. Además, no solo le has gustado, sino que a ti ella también. Nada más tienes que verte.

—Me gusta vestirme bien para salir, ya me conoces —le espeta Álex, algo sonrojado.

—Ya lo creo, ya... —Davinia se fija que el cuello del polo lo tiene algo desajustado. Se acerca a él y se lo arregla con sumo cuidado. En ese momento, ambos sienten sus alientos tan cerca que pueden respirarse mutuamente. Se miran. Álex siente como si todo el cuerpo le vibrase. Davinia tampoco puede controlarlo—. Así estarás mejor.

—Soy un poco desastre. —Da un paso atrás, llevándose las manos al pecho, conteniendo la respiración—. Oye, ¿qué crees que debería hacer? No sé, ¿y si quiere enrollarse conmigo?

—Pues ya tú verás qué haces —responde Davinia, que se vuelve al interior de aquella habitación, rostro serio. Álex va tras ella, algo preocupado.

—Verás, yo he pensado en dar un paseo con ella, charlar y no sé, ir a la fiesta del pueblo —cuenta Álex—. Como quiera enrollarse conmigo...

—¡Pues claro que quiere, Álex! ¿Cómo no va a querer? ¿Es que no lo ves? ¿Más señales quieres? —Aquella reacción tan alterada de Davinia deja anonadado al joven, que abre los ojos de par en par, observando cómo su amiga se vuelve hacia él como enfadada. No supo leer entre líneas el mensaje—. Quiero decir que... esas cosas se ven.

—Davi, ¿te pasa algo?

—No, nada, déjalo. —Resta importancia Davinia, mirada al vacío—. Será que estoy cansada del viaje...

—Si te cuento esto es porque, de querer que nos besemos, me pondrá en un compromiso. —Álex baja el tono de voz, rascándose la cabeza. Davinia le mira, extrañada—. Verás. Es que... nunca he besado a una chica. Y... no sé si surgirá algo. Pero, si surge, estoy perdido.

—¿En serio? —pregunta Davinia, sorprendida, boquiabierta—. ¿Ni siquiera cuando estuviste con Ana? Ella dijo que os enrollasteis el día que os quedasteis solos en su casa, cuando hicimos el trabajo en grupo.

—Qué va —niega Álex, meneando la cabeza de un lado a otro—. Estuvimos a punto, pero salí pitando.

—Pues no te queda otra que practicar —dice Davinia, esbozando una sonrisa pícara—. Prueba con el brazo. Es una forma de entrenar.

—¿Me enseñarías? —pregunta Álex, acercándose a su amiga, sorprendida por ese ofrecimiento—. Tú tienes algo de experiencia.

—Bueno, yo... es que no sé si sería buena idea —se excusa Davinia, algo nerviosa, acelerada.

—Somos amigos. Podemos dejarlo... como un beso de amigos.

—Vale —acepta Davinia, que se acerca a él. Con sus temblorosas manos, agarra su rostro y lo gira un poco hacia la derecha—. Lo primero que debes hacer es mover la cabeza así. Luego, acercas los labios así... y luego, lo demás sale solo.

Se besan. Mas que un entrenamiento, es un profundo beso que quince eternos segundos dura. No quieren que acabe. Cierran los ojos, se dejan llevar. Sus corazones acelerados, sus cuerpos tiritan. Se vuelven a mirar. Dan un paso atrás, ambos.

—¿Qué tal? —pregunta Davinia, expectante.

—Pues... supongo que bien —contesta Álex, acariciando sus labios, algo tembloroso.

—Oye, ¿cómo que supones? ¡Que yo beso muy bien!

—No lo pongo en duda —suelta una carcajada—, pero claro, al ser el primero... es como si... —Es incapaz de descifrar aquella sensación que vibra en su interior, al igual que Davinia. Sin saberlo, ambos han volado lejos de aquel lugar.

—Si sientes un cosquilleo en el estómago, entonces es que el beso es especial, al igual que la chica a la que lo das —continúa Davinia, a quien mira Álex también de una manera especial, pues pasa sus manos por el estómago. Allí estaba ese cosquilleo—. Bueno, yo me marcho a dar un paseo por el pueblo. Así caigo rendida antes. Espero que te vaya bien en esa cita.

Davinia marcha de aquella habitación. Se mantiene tras la puerta unos minutos, sintiendo el impulso de volver a entrar. Tras ella, espera Álex, petrificado, aún siente el sabor de los labios de su amiga en los suyos. Desea que esa puerta se abra para volver a repetirlo. Pero no se abre. Ella marcha, confusa. Él se vuelve, decidido a verse con Verónica.

30

Lluviosa madrugada. Luz María caminó hacia la casa de Imanol, con sumo cuidado. Llamó, pero nadie abrió. Se percata de que la puerta estaba entreabierta. Cuidadosa, accedió. Todo muy extraño, pues él vivía solo. Le nombró entre susurros, pero nadie respondió. Tenso silencio, roto por las violentas gotas de agua que aporreaban los cristales de la ventana. De repente, una luz se prendió. Frente a ella, Paul. Mirada cruel que penetró la suya.

—¿Otra vez trasnochando, Luz María? —preguntó, tono vacilón, para variar.

—Yo... quería... —se trabó Luz María—. ¿Dónde está el doctor?

—Donde merece estar un traidor a la patria —contestó Paul, acercándose a ella, dientes apretados, ojos fogosos—. Tendrías que verlo. Apenas puede tenerse en pie de las hostias que le he dado. Pero me han servido para lograr lo que buscaba.

—Eres... un miserable.

—No seas cruel conmigo, Luz. Vamos a ser casi familia. Ya sabes que tu prometido y yo hemos hecho buenas migas últimamente. Somos como hermanos. Aunque él no sabe nada de esto, ya que demasiado ocupado se encuentra en la tarea que le han encargado. —Alargó su áspera y sucia mano, acariciando el cabello húmedo de la joven, mientras se mordía su labio inferior—. Es algo que deberías agradecerme de por vida. Ya me lo cobraré.

—No sé de qué me hablas —dijo Luz María, mirada furtiva, apartando de un manotazo su gruesa zarpa.

—Vamos, Luz María. No me tomes por imbécil —le espetó Paul, quien un revólver sacó y apuntó al pecho de la joven, pálida y temblorosa—. Ahora, me vas a llevar ante el maestro, ese a quien ocultas en tus caballerizas. Un malnacido a quien ayudas.

—Yo... no sé de qué me estás hablando. —Luz María reculó a paso lento, pero se dio contra la pared—. No sé dónde quieres llegar.

—¿De verdad pensabas que este juego iba a durarte mucho? —preguntó Paul, dando un paso al frente, cara a cara con Luz María. Incapaz es de sostenerle la mirada—. Si no lo he hecho antes, es porque eres intocable. Pero gente como tú merece ser fusilada. Por ayudar a los enemigos de la patria y, mucho peor, por engañar a tu prometido, un luchador por la reconquista como él. Debería caérsete la cara de vergüenza. Eres una cualquiera.

—No te permito que me hables así —dijo Luz María, tono firme.

—Tú no estás en condiciones de exigirme nada —recordó Paul, mostrando la pistola, cuyo cañón apretaba contra el pecho de esta—. Ahora, llévame ante su presencia. No sabes lo mucho que voy a disfrutar cuando podamos fusilarle. Dejaré los honores a Borja, que le tiene unas ganas tremendas.

—Habláis de este país como si os perteneciera, como si vosotros fuerais los que decidís quiénes son dignos de vivir en él y quiénes no. Y las cosas no son así, Paul. —Se volvió valiente Luz María, clavándole una desafiante mirada, ¿qué importaba aquel revólver? No había temor—. Solo tenéis las armas, la fuerza, la violencia y el miedo, ese que sembráis en cada lugar al que llegáis, pero nunca estaréis en paz con este país. Habéis decidido por él. No vais a saliros con la vuestra. A lo mejor, ganáis esta guerra. Pero perderéis el futuro.

—Veo que no has perdido el tiempo con ese maestro estos días. Dime una cosa, aparte de enseñarte cosas de esos libros de rojos comunistas, ¿te acostabas con él? —Luz María frunció el ceño, dispuesta a lanzarle una buena bofetada a ese impresentable, pero volvió a pasearle el cañón del revólver por el rostro—. Ándate con cuidado, niñita. Al teniente Sampedro no le va a gustar nada conocer cómo su prometida se tiraba a un rojo mientras él lo buscaba desesperado.

—Maldito seas, Paul.

—Camina. —Apuntó con su revólver de nuevo, obligándola a salir de aquella casa.

No tenía elección. Caminó a paso lento, empapándose de agua. Llegaron a las caballerizas. Solo estaban los caballos. Ni rastro de Eusebio, lo que para Luz María fue toda una sorpresa. Paul la empujó contra la pared y se abalanzó contra ella.

—¿Dónde está? ¿Eh? —preguntó, mientras sostenía el revólver, ahora apuntando a la cabeza.

—Ya te he dicho que te has equivocado —respondió Luz María, quien no se amedrentaba ante la pose autoritaria de Paul—. Cuando Borja se entere de esto, te arrestará.

—Está aquí. Lo sé. El doctor me lo ha confesado todo —insistió Paul, echando una mirada en rededor. Volvió sus ojos hacia ella, mirada lasciva—. Aunque podremos hacerle venir, si acude a tu rescate.

—¿Qué haces? —preguntó Luz María, asustada, mientras aquellas sucias manos de Paul acariciaban su cabello y desabrochaban los botones de su blusa oscura—. ¡No me toques!

—Vamos, Luz María, no te resistas. Yo sé que en el fondo me deseas. —Paul trató de tumbar a la joven en el suelo, colocándose encima para forzarla, mientras ella hacía lo propio para defenderse—. Veremos si tu protegido viene ahora a salvarte.

Trató de besarla, pero Luz María se volvió, quería huir, mas la sigue hasta atraparla y lanzarla contra el pajar. Sobre ella se dejó caer, sonrisa lasciva.

—Solo tienes que dejarte. Ya verás cómo te gusta.

Pese a las negativas de Luz María, Paul cumplía con su amenaza. Tras él, apareció Eusebio.

—Si es a mí a quien quieres, aquí me tienes —dijo, provocando que salte de un brinco. Se miraron, dientes apretados. En los ojos de Paul se apreciaba esa luz que destellaba la algarabía que sentía al dar por fin con alguien a quien buscaba desesperadamente—. Quien a una mujer ataca a punta de pistola, poco hombre demuestra ser. Y os hacéis llamar «salvapatrias».

—Eusebio, por fin nos vemos.

El tiempo pareció detenerse en ese momento. Miradas de odio que todo y a la vez nada se decían. Una cruel tormenta que tronaba sobre ellos. Una joven, Luz María, que atónita asistía al cara a cara entre las dos Españas que en ese momento se disputaban un país con olor a sangre, pólvora y preso del llanto y del dolor.

31

Pasean juntos. Recorren el pueblo. Disfrutan de un helado, mientras aprecian el gentío agolpado en la plaza celebrando las fiestas. Música a tope, bailes, alegría y ganas de pasarlo en grande. Noche fresca, cuánta diferencia con las noches en Almendinilla. En un banco, desde donde admiran aquella estampa, sonrientes, Álex y Verónica toman asiento. Se miran, se sonríen, pero entre ellos, nace un silencio que es necesario cortar. Ella también viste muy guapa, con sus mejores galas.

—¿Y por qué habéis venido desde tan lejos? —pregunta Verónica.

—Es una larga historia —responde Álex, acodado sobre sus propias rodillas.

—Bueno, no tengo prisa. —Verónica le dedica una tierna sonrisa, clavando en él una suave mirada—. Tenemos mucha noche aún.

—Es por mi abuela —cuenta Álex, que alza su mirada hacia aquel gentío, de nuevo—. Ella y el señor Eusebio Lagares tuvieron un romance hace unos años, durante la guerra civil. Ella... está enferma y se me ocurrió venir con la idea de encontrarle y hacerle saber que mi abuela aún le recuerda. Y poder unirlos... para que volvieran a ser felices y retomaran esa historia. Sí. Tengo complejo de celestino.

—Es una historia preciosa, Álex. Algo así no lo hacen muchos.

—La verdad es que lo hice sin pensar. No sé si por mi abuela... o por largarme de ese pueblo maldito —explica Álex, meneando la cabeza—. Es que mi madre y yo vivimos con ella. Como está enferma... no puede valerse por sí misma. Dejamos nuestra vida en Madrid para ir al pueblo. Y la verdad es que... —profundo suspiro— no me acostumbro.

—Madrid... —Verónica cierra los ojos, mueca de felicidad—. Cómo me gustaría ir. Viajar y quedarme a vivir. Y marcharme de este pueblo del que nunca he salido.

—¿Siempre has vivido aquí?

—Mi madre regenta el hostal. Es una herencia familiar. No queremos dejarlo. Pero es su movida, no la mía —dice Verónica, que baja la mirada—. Me gustaría hacer algo. Ser yo misma. No quiero aceptar quedarme aquí por siempre, como ella aceptó en su día. Yo sé que es lo que le ilusiona, por eso me obliga a ayudarla. Porque ve en mí el futuro de ese hostal, pero yo no me veo envejeciendo aquí. Incluso, alguna que otra vez, cuando hemos discutido, la he amenazado con marcharme a Santander, con mi padre, pero en el fondo, me da pena dejarla sola.

—Algún día podremos tomar nuestras propias decisiones y ser aquello que anhelamos. —Álex suelta una pequeña carcajada—. Yo ya he empezado. Me he venido a la otra punta de España, dejando una nota de despedida a mi madre. Desde que marché, hace tan solo un par de días, no he vuelto a hablar con ella. Espero que me entienda.

—Ellos no nos entienden, Álex —dice Verónica, manos cruzadas sobre sus piernas—. Viven su vida y se apoderan de la nuestra. Nos obligan a ser presos de sus decisiones.

Álex encuentra en Verónica un espejo de sí mismo, una joven con ilusiones, proyectos y unas ganas tremendas de comerse el mundo, pero aceptando tristemente una realidad que odia. Se siente cómodo a su lado, pues comparten mucho más de lo que espera.

Caminan hacia un lugar mucho más tranquilo. Un lugar donde Verónica quiso llevarle. Tras ellos, lo hace Davinia, ocultándose para no ser vista, sin perderse detalle de aquella cita entre su amigo y esa... desconocida.

Pasean por la orilla de la playa, descalzados, dejando que esas frías aguas del cantábrico remojen sus pies. Caminan sonrientes, mientras una suave brisa envuelve sus adolescentes cuerpos. Se miran, disfrutan del silencio, mientras se dedican sonrisas sin parar. ¿Quién sería el primero en romper el hielo? Ambos parecen desearlo. Ninguno da el paso.

—Este lugar es muy especial para mí, ¿sabes? —comienza Verónica, admirando aquella luna llena que ilumina el cielo—. Cuando estoy triste, de bajón o me siento mal, vengo aquí y me doy un paseo, sola, escuchando tan solo el sonido de las olas cuando el mar está en calma. Respirar esta brisa me despeja, me hace sentirme libre. Quizás el único momento que tengo para serlo.

—Es... un lugar maravilloso —dice un sonriente Álex, clavando su mirada en el mar. ¡Cuánto lo echaba de menos!

—Quería compartirlo contigo.

Se detienen, uno frente al otro. Verónica se acerca a él. Agarra sus manos, clava su alegre mirada en la suya y, armándose de valor, le besa en los labios. Álex cierra los ojos, se deja llevar. Espera estar a la altura para ese decisivo momento. Se funden en un breve y discreto beso. Davinia, al ver aquella escena, siente como si una daga atravesase su adolescente corazón. Ojos vidriosos, marcha de aquel lugar, corriendo, sin rumbo.

—Vaya —dice Álex, suspirando tras ese beso, rostro algo serio—. Besas bien.

—¿Te ha gustado?

—No ha estado mal —responde Álex, que trata de encontrar ese cosquilleo que no sintió ni el escalofrío que recorrió su cuerpo cuando besó a Davinia—. ¿Sabes? Eres la primera chica a la que beso.

—¿Hablas en serio? —mueca de sorpresa en el rostro ojiplático de Verónica.

—Sí —rotundo Álex, que baja la mirada, algo avergonzado—. No es algo de lo que me avergüence, ¿sabes?

—Y yo que pensaba que... nada... déjalo.

—¿Qué pensabas? —pregunta, curioso.

—Pues, si te soy sincera, pensaba que esa chica que va contigo, Davinia, ¿verdad? —Álex asiente con levedad—. Pues eso. Que pensaba que estabas por ella.

—¿Yo? —Álex se lleva la mano al pecho, algo sobresaltado—. Ya te dije que solo somos buenos amigos.

—Por como la miras, cualquiera diría que te gusta, la verdad.

«Otra vez la dichosa mirada. ¿Cómo se puede saber si amas a alguien por tu mirada?». Álex no es capaz de descifrar esa misteriosa habilidad en algunas mujeres. Pero aquel beso con esa chica le hizo ver la realidad de lo que su corazón siente. Pasea su mano por el estómago y esas mariposas, que horas antes sí estuvieron en la habitación cuando se besó con su amiga para practicar y que aún retumban en sus tripas, ahora no las encuentra. Su rostro de preocupación no pasa desapercibido.

—¿He dicho algo malo? —pregunta Verónica, extrañada.

—No... no te preocupes, de veras. Es solo que...

Oportunos son aquellos fuegos artificiales que iluminan el cielo. Juntos, abrazados junto al mar, contemplan aquella estampa. Verónica le rodea con sus brazos, como si no quisiera soltarle. Álex alza su mirada al infinito adornado, pero no escucha el sonido de aquella reacción química en la que fuego y pólvora se fusionan para hacer retumbar todo un pueblo que celebra sus fiestas mientras colorea un oscuro y estrellado cielo. Escucha a su corazón que le habla, como nunca antes le había hablado. «Davinia», le dice.

32

Solo el sonido de la lluvia cayendo sobre el fino tejado de las caballerizas interrumpía aquel silencio. Parecía que el tiempo se había detenido en aquella noche de tormenta, mientras las tensas miradas entre Eusebio y Paul se sostenían. Con su revólver, apuntó a la cabeza del joven maestro, quien firme se mantuvo.

—Por fin te tengo, maldito traidor. Algo me decía que no andabas demasiado lejos.

—Si piensas que voy a entregarme sin más, es que no me conoces —advirtió Eusebio.

—Se te olvida con quién hablas, maldito rojo. Si quiero, ahora mismo te vuelo la tapa de los sesos y te aseguro que nadie te echará en falta —amenazó Paul con ese tono de nuevo vacilón. Miró a Luz María, que intentaba ponerse en pie, temblorosa, aún angustiada—. Ni se te ocurra moverte, traidora. Imagina qué hará contigo el bueno de Borja cuando se entere de que has ocultado a un enemigo de la patria, que le has escondido y que le has sido infiel con él. Espero que no te lo perdone y que, juntos, ambos vayáis a una fosa junto a otros tantos traidores.

—A ella déjala en paz. Es a mí a quien buscas. No a ella. Así que, si me quieres, atrápame.

—Lo haré —paso al frente de Paul, sin bajar el arma—. Date la vuelta. Si no quieres recibir un balazo.

—Antes de nada, déjame preguntarte algo. —Dio un paso al frente Eusebio, manteniéndole la mirada—. ¿Por qué? ¿Por qué esta venganza contra aquellos que pensamos diferente? ¿Por qué esta persecución contra aquellos cuyo único pecado ha sido luchar por la libertad? ¿De qué piensas acusarme? Esto no llegará demasiado lejos y lo sabes.

—Estabais destrozando el país, llevándolo a la ruina. No nos dejasteis elección —respondió Paul, sin dejar de apuntarle con ese revólver—. ¿Te vale con esa respuesta? Ahora, date la vuelta.

—Eres muy valiente armado —le espetó Eusebio, que se acercó a paso lento—. Sois muy valientes con fusiles, mostrándonos a todos que con las armas se silencia la libertad, aterrorizando a todo el país. Esa es vuestra única arma. La que se impone por la fuerza de las balas. La que asesina, la que hace daño.

—Más que suficiente para limpiar España de traidores como tú —justificó Paul—. Tu maldita organización ha sido disuelta, destruida. Y así haremos con todas.

—¿Y qué esperáis conseguir? —preguntó Eusebio, casi encarados—. Seguiremos luchando por la libertad y por la democracia que tanto nos costó traer.

—¿Tú y cuántos más? —Abrió una sonrisa vacilona Paul—. No sois más que escoria que se oculta tras buenos discursos llenos de mentiras, falacias y mierda. Engañáis al pueblo, al que matáis de hambre, le hacéis salir a la calle, luchar por algo que saben que nunca lograrán. Los frustráis, en lugar de darles lo que necesitan. Pan, patria y libertad.

—¿Libertad? ¿Te arrogas el derecho de hablar de la libertad?

—Esto no es para nosotros, Eusebio —alzó su voz Paul—. Aquí se acabó la democracia de la que vosotros os habéis adueñado. Una falsa democracia usada para entretener a la gente, haciéndoles votar para que vosotros sigáis robándoles el pan, a la vez que les engañáis. Atentáis contra quienes piensan diferente, contra sus creencias, contra las nuestras, quemando iglesias, torturando y asesinando a ministros de Dios. ¿Con qué derecho?

—La iglesia que dice ser de todos solo ha demostrado estar del lado de un bando en esta guerra que vosotros habéis iniciado —dijo Eusebio, dando otro paso más—. Dios no quiere el mal, Paul. No nos mandó ese mensaje.

—¡Quieto! —ordenó Paul, rostro serio, apretando su revólver—. O disparo.

—Vamos, Paul. Si realmente crees ser superior, deja el arma. Luchemos como hombres.

Aceptó, tras un tenso silencio. Dejó el arma sobre una silla que por allí había. Se acercaron a paso lento y se enzarzaron en una batalla que bien pudiera representar el conflicto habido en ese momento a lo largo y ancho del país. Dos españoles, enfrentados por sus ideas, defendiéndolas a golpe de puñetazos, de patadas, de rabia contenida que descargaba uno contra el otro. Paul parecía ir ganando, pero Eusebio, en el suelo, magullado, no se rendía. Se defendía, como lo hacía en aquellos tensos meses la joven Segunda República, y le lanzaba con fuerza contra una columna. Caminó a duras penas hacia él. Le agarró de la camisa y comenzó a azotarle, mientras Luz María le pedía que pare, que no merecía la pena. En ese despiste, Paul aprovechó para sacar un objeto punzante que guardaba en su pantalón. Se lanzó contra Eusebio y trató de clavárselo, mientras él intentaba evitarlo, agarrando sus brazos. Pero las fuerzas, poco a poco, desvanecían. Luz María, temió por el fatal destino que esperaba a Eusebio, quien la miró, algo decían aquellos ojos que comenzaban a asumir su derrota. No lo pensó. Impulsiva, agarró aquel revólver y apretó el gatillo contra Paul, temblorosa, casi sin mirar. La bala le atravesó el pecho, entrando por la espalda. Asustada, el arma se le escurrió entre las manos, mientras boquiabierta, apreciaba cómo uno de los hombres de confianza de su prometido caía sobre Eusebio, sin vida, ojos abiertos. Ni muerto, abandonaba aquella mirada vacilona.

33

Fue una noche larga. En la arena de aquella playa, dejaron caer sus inocentes cuerpos, manos sobre sus cabezas, admirando las estrellas del firmamento. Hablaron sobre muchas cosas: sus planes futuros, sus sueños, sus aspiraciones... en fin, todos esos temas de los que los adolescentes hablaban horas y horas, hasta acabar dormidos, abrazados, unidos sus jóvenes cuerpos.

Los primeros rayos de luz asoman y despiertan a un Álex que casi puede saborear la arena de aquella playa que envuelve casi todo su cuerpo. Hasta aquel polo azul marino se volvió casi gris. Se frota los ojos y se incorpora. Se queda, durante unos minutos, mirando el mar en silencio. Algunas gaviotas lo sobrevuelan, con ese cántico tan peculiar, mientras algunos madrugadores, a lo lejos, ya faenan pescando a lomos de sus embarcaciones. Otros tantos, lo hacen en la orilla con sus cañas. Toma una fuerte bocanada de aire que limpia sus pulmones y cierra los ojos, pronunciando en silencio las palabras que su corazón no deja de recordarle: «Davinia». Al fin lo tiene claro. Logró descifrar ese sentimiento. Al volver su mirada, esperaba encontrarla, pero se topa con la realidad. Verónica dormita sonriente a su lado. Con una medio sonrisa la contempla. Es una buena chica, con la que se sentía tan en sintonía que incluso podían ser la pareja perfecta, pero no era capaz de verla como veía a Davinia. Eso sí, fue quien le hizo ver lo que realmente sentía por su amiga. Y nunca podría borrar algo: que fue a la primera chica a la que besó. «¿Estás seguro, Álex?». Tocándose los labios, recuerda el beso en la habitación con Davinia y no puede evitar sonreír.

—Siempre has sido tú —dice, entre susurros, perdiendo de nuevo la mirada en las olas que comienzan a despertar.

Verónica abre los ojos y contempla a Álex a su lado. Se despereza a la vez que bosteza algo contenida.

—Buenos días.

—Buenos días, Verónica. —Se miran sonrientes—. Parece que nos quedamos un poco dormidos anoche.

—Sí —se incorpora la joven, entre risas—. Mi madre me va a matar. Conociéndola, seguro que ha puesto a la Guardia Civil en mi búsqueda.

—¡No jodas!

—No te preocupes —carcajada sonora—, era una broma. Ya se me ocurrirá algo cuando llegue al hostal.

Vuelve el silencio a ellos, mientras contemplan esa delgada línea que une cielo y mar, a lo lejos. Algunas velas pueden verse, surcando los mares a cientos de kilómetros de donde se hallan. Verónica agarra la mano de Álex, que la mira con rostro de preocupación. «¿Y si se ha enamorado de mí?», *p*iensa, apretando los labios.

—Ha merecido la pena amanecer aquí, ¿eh? Es un lugar precioso. Una imagen que no siempre se puede disfrutar. Mirar lejos y sonreír sin que nada más importe.

—Echaba de menos algo así —dice Álex, tomando otra bocanada de aire, cerrando los ojos.

—Me quedaría aquí de por vida. Evadirme de todo, del maldito destino... Solos el mar y yo.

—Haría como tú, créeme.

Álex clava una tierna mirada en Verónica, aunque apreciaba el rostro de Davinia. Movido por un impulso, acerca de nuevo sus labios a los de ella y la besa, volviéndose valiente por primera vez.

—Oye, Álex, creo que es hora de volver a nuestra realidad.

—Cómo no. —Suelta una carcajada, algo nervioso, al contemplar de nuevo el rostro de Verónica.

—No sé si me entiendes... —continúa ella, rostro serio—. Lo de esta noche... yo me lo he pasado fenomenal. Me he sentido tan a gusto contigo que me he olvidado de la mierda de vida que llevo. Pero ahora... nos toca volver a nuestros caminos.

—No te sigo, Verónica.

—Pues que yo debo volver al hostal a ayudar a mi madre y tú debes volver a tu pueblo... o a Madrid. —Clava en sus pupilas una tierna mirada, algo cristalina—. Y nuestros caminos deberán separarse.

—Ya... claro. —Álex siente como si un escalofrío recorriese su cuerpo. Se miran, en silencio—. Yo... también me lo he pasado muy bien a tu lado esta noche, Verónica. Nunca la olvidaré.

—Sobre todo, porque —se señala los labios— he sido la primera en besarte —ríe.

—Claro —asiente Álex, recordando de nuevo el beso con Davinia.

—Bueno, pues volvamos, ¿no?

—Qué remedio...

Ambos se ponen en pie. Se miran, sonrientes, aceptando que esa breve historia, a la vez que intensa, terminó con aquellos primeros rayos de sol de un nuevo día que se abría camino. Se funden en un abrazo finito que sirve como adiós... o hasta pronto, ¿quién sabe?

Al llegar al hostal, Álex va directamente hacia la cafetería. No probaba bocado desde la noche anterior y tampoco había sido nada del otro mundo: unas patatas chips compartidas con Verónica y un helado. Menea la cabeza en círculos, dolor de cuello. Normal, haberse quedado dormido en la playa es lo que tiene. Se termina de sacudir los últimos restos de arena de su polo y camina hacia la mesa donde aprecia a su amiga Davinia, al fondo, sola y con la mirada clavada en su taza, la cual menea, pensativa, mano derecha sobre la barbilla. Al verla, no puede menos que expresar una mueca de felicidad, casi automatizada. Su corazón bombea acelerado. Era ella. Siempre fue ella. Se acerca a paso lento y toma asiento a su lado. Su amiga le lanza una indiferente mirada, aunque no es eso lo que resalta en sus ojos. Más bien ese color rojizo y esas ojeras poco comunes en su bello rostro.

—Una noche movida, por lo que veo —dice Davinia, tono sarcástico.

—Me quedé dormido en la playa. Ya sabes que, para mí, el verano sin pisar una playa no existe. —Suelta una carcajada.

—Y en buena compañía mejor aún, ¿no?

34

Sus piernas se aflojaron, apenas podía mantenerse en pie. Luz María, petrificada, mirada perdida sobre aquel cuerpo sin vida que era el de Paul, se dejó caer, apoyada sobre aquella columna, sollozando, sus labios tiritan. Eusebio retiró el cuerpo de Paul, cerciorándose de que estaba sin vida, lamentando lo ocurrido. Cerró sus ojos, al menos que pudiera descansar en paz. Corrió hacia Luz María. En cuclillas, manos sobre su rostro, trató de calmarla.

—¿Estás bien? —preguntó, algo sofocado tras aquel enfrentamiento, donde cerca vio pasar a la muerte.

—Le he matado, Eusebio. Le he matado —respondió Luz María, voz quebrada, en *shock*.

—Eh, tranquila, Luz María. —Eusebio agarró su rostro, clavando su mirada en sus pupilas, cristalizadas—. Me has salvado la vida. Ha sido un acto impulsivo. Si no hubieras apretado el gatillo, me habría matado.

—Soy una asesina, Eusebio —insistió Luz María, entre sollozos, soltando alguna lágrima—. ¡Le he matado!

—No voy a permitir que cargues con esta cruz, Luz María, ¿me oyes? —Eusebio la rodeó con sus brazos y la besó en la mejilla—. Haremos algo. Nos tenemos que deshacer del cuerpo, antes de que sea demasiado tarde.

—Era el mejor hombre de Borja...

—Era un maldito asesino. Era su vida o la mía, Luz María —repitió Eusebio, que la anima a ponerse en pie, tirando de sus brazos—. Vamos, no hay tiempo que perder.

¡Toc! ¡Toc! Alguien aporreaba la puerta de las caballerizas. Sobresaltados, guardaron silencio. Una voz ordenó que abran la puerta, dijo ser una autoridad militar.

—¿Qué hacemos ahora? Nos van a detener —susurró Luz María, temblorosa, cubriendo su rostro con las manos.

—Debes abrir. Aparentar normalidad. Distraerles. Mientras, yo me ocuparé de Paul —dijo Eusebio, que colocó sus manos sobre los hombros temblorosos de Luz María. Le miró, le inspiraban confianza aquellos ojos—. Eh, créeme. Podrás hacerlo. Todo saldrá bien.

A paso lento, Luz María caminó hacia la puerta. Aún era incapaz de controlar sus temblores y su rostro se volvió pálido. Antes de abrir —seguían aporreando desde fuera— echó una última mirada atrás, apreciando cómo Eusebio arrastraba el cuerpo sin vida de Paul y lo cubría con una sucia manta, bajo la que él también se ocultó, al fondo de las caballerizas. Tras un profundo suspiro, Luz María abrió. Eran dos soldados, Aguirre y Esteban, dos hombres de confianza de Borja, fusiles en mano, empapados.

—Buenas noches, señorita Luz María. Hemos creído oír un disparo que provenía de por aquí. ¿Ha ocurrido algo? —preguntó Aguirre, mirada firme, como su barba gris y su rostro, aunque arrugado, veterano de mil batallas, siempre dispuesto a dar guerra.

—¿Aquí? Pues... no lo sé. Yo no he oído nada.

—Pues juraríamos haber oído un disparo. Y al ver luz aquí, hemos venido a toda prisa, pensando que le ocurría algo —habló ahora Esteban, el más joven, voz casi tartamuda y tez blanquecina, casi con granos. Parecía un polluelo recién salido del cascarón.

—Todo está en calma aquí. No hay de qué preocuparse —insistió Luz María, sin permitir que las cabezas de esos dos militares pudieran husmear sus dominios—. Quizás lo han confundido... con un trueno. Ya han visto cómo está la noche.

—Será eso —se conformó Aguirre, encogiéndose de hombros—. Por cierto, queremos aprovechar, ya que estamos aquí, para trasladarle nuestro más sentido pésame por la muerte de su padre.

—Gracias, de verdad. Ha sido... un golpe duro, pero la vida es así. Estaba muy pachucho y... ya sabe.

—Nos ha dicho el teniente que tiene usted unos caballos preciosos. ¿Nos permite pasar a verlos? —preguntó Esteban, sonriendo—. Es que soy muy fan de la raza equina. Mis padres tienen caballos también, señorita Luz María.

—Es que... es un poco tarde —respondió Luz María, tratando de quitárselos de encima.

—Vamos, será solo un momento —insistió Esteban quien, sin hacer demasiado caso a la joven, empujó la puerta y entró, deambulando por las caballerizas, admirando y acariciando a esos preciosos caballos, rostro alegre—. Son preciosos.

—Sí, pero es tarde y tienen que descansar. Así que ruego que se marchen, por favor —suplicó Luz María, temerosa de que descubriesen a Eusebio y el cuerpo sin vida de Paul.

—¿Y esta mancha? Parece sangre, ¿no? —preguntó Esteban, señalando una mancha rojiza sobre el suelo, justo donde el cuerpo de Paul había caído hacía tan solo unos minutos.

—Eh... bueno, es que... un caballo se me puso malo el otro día y tuvo que venir el doctor a atenderle y operarle.

—¿Es eso un arma? —preguntó ahora Aguirre, tras ella, señalando al revólver que había sobre el suelo, el que de sus manos se escurrió. Luz María lo cogió a toda prisa—. Es curioso. Es del mismo calibre que la que usamos algunos de nosotros.

—Bueno... es que... Borja estuvo aquí hace poco y, ya sabe, estuvimos juntos. Se le habrá caído —respondió Luz María, alcanzándole el revólver a Aguirre—. Tome, entrégueselo cuando vuelva. Seguro que lo necesita.

—Descuide, señorita —aceptó Aguirre, agarrando el arma—. Bueno, pues no la molestamos más. Seguiremos haciendo la ronda. Aunque, en noches como esta, desearía estar en el puesto de mando, con un buen caldito.

—Que pase una buena noche, Luz María —se despidió Esteban, ajustándose la boina—. Tiene usted unos caballos maravillosos.

—Gracias.

Luz María, que se apresuró a acompañarlos hasta la puerta, sonrisa contenida en su rostro, disimuló a la perfección. Suspiró una vez marcharon. Eusebio salió de su escondite, también dando un fuerte resoplo.

—Qué poco ha faltado —dijo, mientras caminaba hacia Luz María, aún temblorosa. La abrazó—. Has estado muy bien. ¿Ves cómo eras capaz de hacerlo?

—Esto no puede seguir así, Eusebio. Tarde o temprano, atarán cabos. Vendrán por nosotros.

—Nada de eso ocurrirá. —Trató de calmar Eusebio, mirada al vacío, suspiro profundo—. Nos desharemos del cuerpo ahora y me marcharé para siempre. Esta misma noche. No pienso causarte más problemas en tu vida.

—Es... lo mejor.

Se miraron. De nuevo, ese silencio. Eusebio acariciaba su rostro, sus verdosos ojos se cristalizaban. Trató de besarla en los labios, pero ella volvió su rostro.

—Luz María...

—No hagamos esto más difícil, Eusebio —dijo Luz María, mirada al vacío. Luego, la alzó para clavarla en los de este—. Debes marcharte. Debes olvidarme.

—Eso... nunca ocurrirá —dijo Eusebio, mientras reculaba, soltando la mano que agarraba a Luz María.

Y mirándose se quedaron, quizás por última vez en aquellas caballerizas donde un día entre ellos surgió algo más que una simple amistad, mucho más que alguien a quien proteger. Aquellas caballerizas, esos caballos testigos mudos de un amor imposible, vigías de una historia que se perpetuaría en el tiempo. Por siempre.

35

En el coche, camino de la estación de trenes, marchan Julián, Álex y Davinia. Complejo de taxista el del alcalde, ya que los jóvenes se sientan detrás. Silencio profundo durante el inicio del trayecto. Por un lado, Davinia se enfunda su *walkman* y se pone la música a toda pastilla, perdiendo su mirada por el cristal. Álex no hace otra cosa que observarla. Sabe que, cuando actúa así, es que no quiere que nadie le hable, que a solas quedan ella y sus pensamientos. «¿Qué tendr*á* en la cabeza? Todo ese enfado es porque anoche estuve con Verónica. Está celosa. Pues si está celosa, debe ser porque yo también... ». No puede contener una media sonrisa que se dibuja en sus labios. ¿Y si resulta que su amiga siente lo mismo? «Si a mí verle con ese alemán me puso de los nervios, pensar que pudieron enrollarse me enervó y ella piensa lo mismo de lo que sucedió entre Verónica y yo, y además nos siguió... blanco y en botella».

—Por cierto, ¿qué tal las fiestas? ¿Pudisteis pasaros? —pregunta Julián, tratando de romper el hielo.

—Sí. Yo estuve un rato y la verdad es que... me lo pasé bien. Luego me di un paseo por la playa y desde allí vi los fuegos artificiales. Preciosos, por cierto.

—¿Y tu amiga? —La mira por el espejo retrovisor, abstraída de aquella conversación—. Ah, que no me escucha.

—Ella... prefirió quedarse a descansar —contesta Álex, mirando a Davinia.

—Pues invitados estáis cuando queráis volver. Este es vuestro pueblo.

Frenazo inesperado. Ante sus ojos, una imagen que no podía imaginar. Era su padre, Eusebio, pidiéndole que se detenga. Álex y Davinia —quien suelta los auriculares— tampoco creen lo que ven. Julián baja del coche, alarmado.

—Papá, ¿qué haces aquí? Vuelve a casa. No debes salir —pide, casi empujándole para que vuelva tras sus pasos.

—De eso nada, hijo —replica Eusebio, tono firme, recuperado, vistiendo elegante. Era cierto lo que su Julián decía—. Quiero acompañaros. Necesito volver a verla.

—¿De qué hablas, papá? Vamos, vuelve a casa. Ya oíste a los doctores. Además, yo solo voy a dejarles en la estación.

—Hijo, no me queda demasiado y lo sabes. No quisiera marcharme de este mundo sin encontrarme de nuevo con la mujer que me salvó, con el verdadero amor de mi vida, con mi ángel de la guarda —continúa Eusebio, que vuelve su mirada hacia Álex que, alegre, baja del coche—. Joven, gracias por este regalo que me has hecho. Voy a cumplir tus deseos. Me encontraré con Luz María. Quiero pasar con ella lo que me quede. Y nada ni nadie me lo va a impedir.

—Papá, por favor...

—Hijo, tú nunca has estado enamorado, nunca has conocido el amor. Siempre tan ocupado, tan responsable que no has tenido tiempo de ser feliz. Créeme, es una experiencia maravillosa. Si de verdad me quieres, ayúdame a hacer este viaje. No me pongas más trabas, por favor. Lo haré con tu ayuda o sin la tuya —sentencia Eusebio, que lanza un guiño a Álex, sonriente.

Julián no sabe qué responder, mientras su padre ya toma asiento en el lado del copiloto, ayudado por el joven. No le queda otra más que aceptar.

—Está bien, papá. Pero te acompañaré en este viaje —se conforma Julián, mientras sube al coche—. Es mi condición para dejar que vayas.

—Si no queda otra... —bromea Eusebio.

Marchan de Miengo. Dejan atrás aquel precioso y pequeño pueblo cantábrico. Toman un tren y viajan rumbo a Almedinilla, donde espera encontrarse de nuevo con su amor, sesenta años y un día después. Nervioso, inquieto, mirada perdida por la ventana que da al paisaje exterior. Muchos recuerdos se amontonan en su cabeza. Por aquellas montañas el tiempo no pasaba. Se ve a sí mismo, joven, abandonando su Miengo natal para ir a su primer destino, ilusionado, a dar clases, la primera vez que subía a un tren rumbo a emprender una vida llena de retos. Su llegada a ese encantador pueblo sureño, donde le recibieron encantados, las clases con los chicos, las asambleas con los compañeros... todo lo recuerda con añoranza, hasta que todo oscureció aquel mes de julio de 1936. Álex y Davinia —aunque separados—, comparten el mismo asiento, frente a él.

—No sabéis lo mucho que he soñado con este momento —dice, expresando una sonrisa contenida en sus labios.

—Me lo puedo imaginar —Álex se incorpora—. Estoy seguro de que mi abuela también lo lleva esperando años.

—Qué guapa era —recuerda Eusebio aquellos días en las caballerizas, donde le daba clases, le recitaba poemas o se demostraron lo mucho que se amaban. «¿Cómo estará ahora? Espero que no tan desmejorada como yo»—. Qué preciosa era.

—¿Cómo fue vuestro... noviazgo? O lo que fuera aquello que pasó entre ustedes —pregunta Álex.

—Fue tan intenso como fugaz, chico —contesta Eusebio, volviendo el rostro, ahora algo rígido, contra el cristal—. Ella... se terminó casando con tu abuelo, pese a que no le amaba. Lo hizo por las circunstancias que le rodeaban en aquellos tiempos tan oscuros.

—Mi abuelo y usted... —Eusebio lanza una cruda mirada al joven, que traga saliva—, quiero decir, que fueron rivales.

—Tu abuelo quiso matarme —cuenta Eusebio, con la voz ruda—, pero no lo consiguió. Gracias a tu abuela, hoy estoy aquí. Desde entonces, mi vida cambió para siempre. Pude seguir haciendo lo que me apasionaba, pero lejos. Cuando volví... no me encontré al país que dejé años atrás. Nunca estuve completo, lleno como quisiera. No pude tener aquello que anhelaba cerca. Me tuve que conformar con sobrevivir.

—Yo... lo siento...

—No, chico. Tú no te sientas culpable de nada —calma Eusebio, colocando su mano sobre su hombro y dedicándole una sonrisa con esa dentadura postiza—. Tú no eres como él. Lo veo en tus ojos. Son los de Luz María. Apasionados, llenos de vida y radiando felicidad. —Ahora mira a ambos jóvenes—. Vosotros que podéis, vivid vuestro amor. No renunciéis a nada. No tenemos un mundo perfecto, pero es mucho mejor que el que me tocó vivir. Al menos, podréis construir algo juntos si os lo proponéis.

Álex y Davinia se miran, rostros serios, contenidos. Como si una lona de metacrilato les separase, como si dos extraños se mirasen.

—No... no somos pareja —sentencia Davinia, quien vuelve a enchufarse aquellos auriculares mientras Álex baja la mirada.

—Vaya, pensaba que... —Álex mira a Eusebio, negando con la cabeza, apretando los labios—. Pues créeme que lo parecíais.

—Nos lo dicen mucho —concluye Álex, que vuelve la mirada al cristal, cerrando los ojos.

Una vez llegan al pueblo, un viaje mucho más corto que el de ida, como era normal, aunque ya había atardecido, Eusebio se detiene, contemplándolo, nostálgico.

—Todo sigue como antes. Sesenta años y un día... y parece que nada ha cambiado —dice, suspirando el aire que emana de aquel lugar tan especial para él.

Recorre sus calles, a paso lento. Se detiene en la escuela, recordando sus momentos como joven profesor, mientras en su cabeza retumban los gritos de los críos que iban entusiasmados a sus clases. Cuánto había cambiado. No era ni se le parecía en nada a la escuela de entonces. Ahora, parece abandonada. Algunos vecinos comentan, bisbiseaban al verle pasar. Le señalan. «Es él. Ha vuelto», se puede escuchar. Se detiene ante un vecino, de su misma edad, cuya mirada penetra en su corazón. El silencio se hace ante ellos. Tiende su mano.

—Yo fui uno de los que te señaló ante las autoridades para que te apresaran. Y es algo que nunca he podido perdonarme. Pensé que te habían apresado, temí que hubieran acabado con tu vida, como hicieron con tantos y tantos inocentes. Durante noches, me costó conciliar el sueño. Las malas lenguas siempre maquinaron lo que no era. Fuiste el mejor profesor que tuvo esta escuela. Marcaste mucho la vida de mi hijo —dice aquel vecino, mientras Eusebio, rostro serio, asiente—. Sé que han pasado muchos años, pero nunca es tarde para pedir perdón.

—Lo pasado, pasado —sentencia Eusebio, aceptando su mano y fundiéndose ambas en un fuerte apretón—. Toca mirar al futuro unidos.

Prosiguen su camino. Delante marchan Álex y Davinia.

—Eh, ¿te ocurre algo? Te veo algo preocupado y deberías estar contento. Al final... lo has conseguido —pregunta Davinia.

—Temo la reacción de mi madre cuando me vea —responde Álex, resoplando y soltando carcajadas, algo nervioso.

Pero nadie hay en el domicilio. Álex aprecia la puerta, entreabierta. Se adentra, a paso lento, temiendo encontrarse con Sole, pero un silencio embadurna la casa, tan siquiera se oyen pasos. La habitación de Luz María está vacía. Asoma.

—Es muy extraño. No hay nadie.

—¿Habrá ocurrido algo? —pregunta Davinia.

—No creo. De haber ocurrido algo, los vecinos me hubieran puesto sobre aviso. No ocurre nada aquí sin que ellos se enteren —explica Álex quien, ceño fruncido, recuerda algo—. A no ser, que haya vuelto a hacerlo...

—¿A qué te refieres?

—Yo sé dónde hemos de ir —interviene Eusebio, profundo suspiro.

—Yo creo que también —confirma Álex, miradas conectadas, asienten, están seguros de qué camino tomar.

36

A lomos de aquel caballo negro de nombre Galán, cabalgaban por los caminos embarrados aquella lluviosa noche Luz María, Eusebio y, entre de ellos, el cuerpo sin vida, cubierto por aquella sucia manta, de Paul. Lo hacían con cuidado, teniendo que salir por la puerta trasera de las caballerizas para evitar a los militares que vigilaban las calles. Caminaron por la era hasta el lago. Allí, junto al ciprés, detuvieron la marcha. Eusebio bajó y pisó la tierra con fuerza.

—Esta zona es la mejor para ocultarlo. Aquí la tierra es blanda y profunda. Es muy difícil que puedan encontrarle si lo cubrimos bien y nos esforzamos en dejarlo todo como está.

—¿Y si lo lanzamos al río? La corriente se lo llevaría —aportó Luz María.

—No. El río lo llevará a otro lugar y tarde o temprano lo descubrirán. —Negó con la cabeza Eusebio—. Aquí, nadie lo descubrirá.

Sesenta años y un día después, Eusebio toma ese mismo sendero, recordando en su mente aquella tormentosa noche. Aún puede sentir aquellas gotas de agua fría discurriendo por su cuerpo, aquella sensación de adrenalina vivida momentos antes, el miedo ante el futuro que se avecina ante sus ojos, tan incierto, tan confuso.

—Oiga, Eusebio, ¿qué es lo que os une a ti y a mi abuela este lugar? ¿Cómo has sabido que la encontraremos aquí? —pregunta

Álex, deseoso de conocer aquel secreto—. Ella se escapa a menudo. Hace poco lo hizo y la encontré junto a ese ciprés.

—El ciprés sigue ahí —Eusebio cierra los ojos, nostálgico—, como si el tiempo se hubiera detenido aquella noche.

Sesenta años y un día atrás, bajo ese manto de agua, cavó un hoyo profundo con una pala que llevaron con ellos. Mientras, Luz María vigilaba que nadie apareciese por allí. Tremendo trueno, parece que cerca cayó. Ya está casi listo. Eusebio se desfondó y se apresuró en terminarlo.

—Luz María, ven —la llamó Eusebio. Ella corrió hacia él—. Vamos, échame una mano y deshagámonos del cuerpo. Terminemos con esto de una vez.

Juntos, uno por los brazos y la otra por los pies, agarraron el cuerpo de Paul, cubierto por aquella manta, empapado, y lo lanzaron al hoyo. Se miraron, rostros conmovidos, sabiendo que ese secreto les unirá por siempre.

Allí está ella. Sesenta años y un día han pasado. Admira ese ciprés, en silencio. A su lado, Sole. Eusebio, al verla, siente cómo su ya anciano corazón late de nuevo como cuando era joven. Una mueca de felicidad se dibuja en su arrugado rostro. Sole vuelve su mirada. Divisa a Álex, ojos como platos, rabia contenida. Desde la distancia, pide perdón con sus manos, al mismo tiempo que implora que espere, señalando con la mirada a ese alegre anciano a la vez que asiente con fuerza. Eusebio camina hacia Luz María, a paso lento. Aquel cabello blanco, rostro marcado por el paso de los años, ya no era esa preciosa joven de la que se enamoró, pero su corazón siente lo mismo que aquella noche, en la que se vieron por última vez.

Aquella noche sus cuerpos desearon abrazarse, unirse por última vez. Separados por aquel hoyo, ya cubierto, donde descansaba el cuerpo de Paul, sus miradas se volvieron a encontrar, mientras el agua de la lluvia discurría por sus rostros entristecidos. Valientes, juntos dieron un paso al frente, pisando en aquellas arenas algo movedizas. Se agarraron las manos y unieron sus frentes, que no sus labios, cercanos, casi se podían sentir.

—Nunca te olvidaré, preciosa. Siempre serás la luz que guía mi camino. La luz que iluminó mi vida. El ángel de la guarda que salvó mi vida.

—Yo tampoco te olvidaré, Eusebio —dijo Luz María, ojos vidriosos—. Te amo. Siempre te amaré.

—Te deseo lo mejor, Luz María. —Eusebio acarició su precioso rostro, entre lágrimas—. Ojalá encuentres la felicidad. Pero te prometo que, si ganamos esta guerra, volveré por ti. Me enfrentaré a quien sea necesario, pero lo haré.

—Es mejor que te marches, por favor —suplicó Luz María, entre sollozos.

Con sus labios tocó los de Luz María, para sentirlos por última vez. Cabizbajo, subió a lomos de Galán. La contempló por última vez, triste, tierna mirada, y marchó, cabalgando sobre él. Bajo aquella lluvia, se quedó, petrificada, apreciando cómo se alejaba a lomos de su caballo favorito el que sería el gran amor de su vida.

Como si el tiempo se hubiera detenido, regresa a ella. Los años han pasado. Se miran, en silencio.

—Hola, Luz María —saluda Eusebio, voz entrecortada—. Aquí estoy, de nuevo ante ti. Los años han pasado, pero todo sigue como cuando nos despedimos, en este mismo lugar, una fría noche de lluvia que aún recuerdo.

—¿Quién eres tú? —pregunta ella, ceño fruncido, extrañada y confusa.

—Soy yo, Luz María. Eusebio. He vuelto —responde Eusebio, de nuevo ante ella, sobre aquellas arenas, ojos vidriosos—. Te he echado tanto de menos. Nunca te olvidé. Nunca.

—¿Eusebio? Eusebio era hermoso, joven y lleno de vida. Tú eres un señor mayor. No te le pareces.

—Sé que los años no me han tratado tan bien como quisiera, pero he recorrido muchos kilómetros para verte. Para volver a encontrarme contigo. —Eusebio agarra las arrugadas manos de Luz María. Todos contemplan aquella escena, conteniendo la respiración, en silencio—. Cuando en la oscuridad me veía, mi alma perseguida para ser destruida, apareciste con tu luz que me guía, hacia un lugar donde quiero que me acompañes en esta vida. Te admiro cada mañana, siempre con esa sonrisa, tierna y alegre que me hechiza. Imagino un futuro contigo, juntos, navegando por nuestros sueños. Mi corazón prendido de ti, tú, mi salvadora, mi guardiana, la luz que guía mi camino.

Boquiabierta queda. Temblorosas pupilas, sus labios ahora sí pronuncian su nombre. Él asiente. Juntos, de nuevo, sesenta años y un día después, en el mismo sitio donde se dijeron adiós. Ambos, bajan sus miradas al suelo. Sus pies pisan aquel suelo, donde se esconde su gran secreto. Se vuelven a mirar, sonrientes. A su lado, aquel ciprés.

—Eusebio, eres tú —dice Luz María, emocionada—. ¡Has vuelto!

—Nunca me marché, Luz María. Mi corazón siempre te perteneció.

—Debes tener cuidado. Pueden enterarse de todo —susurra ella, cuya cabeza está a sesenta años y un día de todo lo que les rodea—. Aquí abajo sigue descansando.

—Será nuestro más profundo secreto —promete un sonriente Eusebio.

—Ahora podremos ser felices.

—Lo seremos —asiente Eusebio, decidido, besando sus manos—. Nada ni nadie podrá impedirlo. Es por ello que he vuelto. Siento... haber tardado tanto, princesa.

Temblorosos, se acercan y se funden en un sentido abrazo. Sole, enternecida, limpia con sus manos las lágrimas que bajan por sus mejillas. Álex y Davinia se miran emocionados, deseosos de dar un paso adelante y fundirse en un abrazo infinito, pero se contienen. Julián por su parte no puede y su rostro dibuja una sonrisa —odia ser expresivo—, feliz al ver a su padre tan lleno de vida. Como hace tanto que no lo ve.

—¿Quién eres tú? —pregunta Luz María, extrañada.

—Alguien que quiere invitarte a dar un paseo —responde Eusebio, tras un leve suspiro, mirando antes de ello a Álex, quien desde lejos asiente. Es lo que tiene esa maldita enfermedad. Ofrece su brazo a una radiante Luz María—. ¿Paseamos?

—Pues claro que sí. Me apetece mucho.

Y juntos, marchan unidos de aquel lugar donde se volvieron a encontrar, sesenta años y un día después de despedirse, de decirse adiós para... ¿siempre? No, porque al final, por mucho que los años pasen, por mucho que quieran ponerle trabas a aquello que nuestro corazón siente, termina volviendo a nosotros como un *boomerang*. Y esas historias cuyas páginas no terminan de escribirse, retornan para que seamos nosotros quienes las escribamos. Sesenta años y un día justos habían pasado desde aquel adiós. Ahora, vuelven a discurrir juntos, libres, radiantes y felices por las calles de aquel pueblo, demostrándose el uno al otro lo que hace sesenta años y un día tuvieron que ocultar en aquellas caballerizas, aquello a lo que tuvieron que renunciar presos de un cruel destino que les obligó a tomar caminos separados.

37

La noche se deja caer en el pueblo. En el salón, sentados uno frente al otro están Eusebio y Luz María. Él le recita poemas del libro que dedicó a ella —*La luz que guía mi camino*, se titula— a la vez que se miran, como la última vez que se vieron sesenta años y un día atrás en el tiempo. Entona lo mejor que puede, dando musicalidad. Luz María sonríe, le pide que los repita una y otra vez, a lo que Eusebio encantado accede. Alejada, Sole contempla la escena, sonriente. Decide dejarlos solos. Sale a tomar un poco de aire a la calle. Allí está su hijo quien, al verla, traga saliva. Entiende que ha llegado el momento de dar una explicación.

—Al menos... podrías haberme llamado, ¿no crees? —pregunta Sole, mirada tensa contra Álex, que mira al vacío—. He pasado unas noches que no se las deseo ni a mi peor enemigo. Sin saber dónde estabas, ni si estabas bien. Y, para colmo, tener que enfrentarme a los padres de Davinia, que no veas lo especiales que son. Y cuidar de la abuela, que parecía que presentía que algo ocurría.

—Lo siento, mamá. —Álex clava su decisiva mirada en ella—. Tenía que hacerlo. Necesitaba hacerlo.

—Hijo, lo que has hecho es maravilloso. Pero... si te hubiera pasado algo... no sé qué hubiera hecho.

Sole se acerca a él y le da un fuerte abrazo, unido de un cachete, que Álex acoge con una tímida sonrisa, encogiéndose de hombros. Sabe que ha obrado mal y toca aceptar esa reprimenda.

—Tranquila, he sabido cuidarme bien. He tenido una buena maestra. —Sonríe el joven, sonrojando a Sole—. Además, no he ido solo.

—Eso ya lo sé. —Sole se cruza de brazos. Entre ambos, se hace un silencio. Ve en su hijo una extraña mirada perdida, triste y cabizbajo—. ¿Te ocurre algo, Álex?

—No, nada. Cosas mías. —Niega con la cabeza, como queriendo restar importancia.

—Espero que hayas aprovechado este viaje para decirle lo que sientes.

—¿De qué hablas, mamá? —pregunta extrañado Álex, a la vez que sobresaltado.

—Vamos, hijo. Soy tu madre y, además, mujer —contesta Sole, frotando con su mano la cabellera de su vástago—. Sabes perfectamente a lo que me refiero.

—Entre Davinia y yo... no...

—Será porque no queréis —interrumpe Sole, provocando que los ojos de su hijo se abran de par en par, clavándolos en los suyos—. Nada más hay que veros. Tú te mueres por ella y ella... algo me dice que también.

Ya no eran solo teorías que maquinaba en su cabeza. Su madre, que tenía una especie de radar para detectar ese tipo de cosas, se lo confirma. Era cierto. ¡Era cierto! Davinia también siente lo mismo. En el rostro de Álex se dibuja una mueca de felicidad tan amplia que casi ilumina la noche que comienza a oscurecer las calles del pueblo.

—Pero ¿cómo?...

—Desde el día en que me preguntaste por cómo me enamoré de tu padre —contesta Sole, sonriente—. Aunque, si te soy sincera, siempre lo he sabido. Estáis hechos el uno para el otro.

—¿Y si... no sintiera lo mismo?

—Dile lo que sientes y no te lo dejes dentro —aconseja Sole—. Ya verás cómo te corresponde.

Con un leve beso en la mejilla, Sole termina de animar a su hijo, quien con fuerza asiente, sonriente.

—Vamos. Ve a buscarla. Salió no hace mucho, tras hablar con sus padres por teléfono.

—¿Con sus padres? —pregunta Álex, algo extrañado.

—Sí, hijo. —Abre los brazos Sole, expresando que otra no le quedaba—. Le prometí a su madre que así lo haríamos. Tienen que saber que, al menos, está bien.

Álex echa a correr, decidido. Aquella fuerza que le dio su madre le hace tomar la decisión más importante después de haberse marchado en busca de Eusebio. Tras Sole, quien a su hijo miraba emocionada, aparece Julián.

—Hola.

—Ah, hola. —Le devuelve el saludo, sonriente al verle algo sofocado, sudoroso—. Demasiado calor para quienes poco acostumbrados estáis, ¿no? Suele pasar...

—No sé cómo podéis vivir así.

—Al final te terminas por acostumbrar. Yo llevo años viviendo en Madrid y, al volver, me costó adaptarme, pero al final no te queda otra.

—Pues a ver si me enseña a hacerlo. —Julián pasa un pañuelo por su frente, secando el sudor que asomaba por ella, algo sofocado, mientras Sole suelta una carcajada—. Vaya historia, ¿no?

—Pues sí. A decir verdad, yo nunca supe el trasfondo de la misma —contesta Sole, profundo suspiro—. Ahora entiendo la emoción de mi madre cuando recibía esas cartas. Y lo mal que lo pasaba esas semanas.

—A mí, mi padre me la contó, con toda naturalidad, sin importarle lo que fuese a pensar de ello. Él es así. Habla a corazón abierto. Ahora le veo ahí, tan feliz... No le veía así desde que mi madre, que en paz descanse, vivía con nosotros.

—Ella está radiante. Es como si, de pronto... todos esos recuerdos regresaran a ella, justo ahora, cuando poco a poco, huyen de su memoria.

—Ya me ha contado su hijo que padece Alzheimer. Debe estar siendo duro, no solo para ella, sino para vosotros.

—Es algo que, por desgracia, hay que vivir para saber lo que se siente. —Baja la mirada, tono serio, decaído. Se recompone—. Bueno, y ahora, ¿qué vamos a hacer?

—Ahora que se han reencontrado, volver a separarles sería muy cruel —contesta Julián, acercándose a Sole—, pero, a la vez, hemos de aceptar la realidad que nos rodea. Vivimos lejos, ellos son mayores y dependen en gran parte de nosotros.

—Eso es cierto —asiente Sole, que luego vuelve la mirada a la ventana, expresando una mueca alegre viendo a esa pareja mayor recuperando el tiempo perdido—. Pero creo que hemos de hacer un esfuerzo, por ellos. A fin de cuentas, han renunciado a muchas cosas por nosotros. Nos lo han dado todo. Ahora, solo tenemos que, no sé, ponernos de acuerdo, ¿no cree?

—Creo... que sí —afirma Julián, colocando su mano sobre el hombro de Sole, lanzándole una tierna sonrisa—. Por cierto, mi nombre es Julián. Y puedes tutearme, con toda confianza.

—Gracias. Mi nombre es Sole —le devuelve la sonrisa.

Y allí se quedan, pendientes de sus progenitores, tras el cristal. En silencio, disfrutan de aquel momento, a la vez que sus miradas se cruzan, de vez en cuando, emocionadas.

—Luz María, no sabes cuánto te he echado en falta todos estos años. Nunca te olvidé. Siempre fuiste mi ángel. La luz que guio mi camino —dice Eusebio, agarrando sus manos con fuerza, como si no quisiera soltarlas—. Me gustaría pasar lo poco que me queda de esta vida a tu lado. Ser felices, como no pudimos hace sesenta años.

—Yo tampoco te he olvidado, Eusebio. Siempre te he pensado. —Se miran. De nuevo, esa mirada fruncida en ella—. ¿Quién eres tú?

En una carretera que conduce a una de las salidas del pueblo, puede divisar a su amiga Davinia, de brazos cruzados, con su mochila a cuestas y ese *walkman* del que no se desprende. Álex no puede evitar expresar una mueca de felicidad. El cuerpo le tiembla. Al fin, va a declararse a la chica que tanto ama, la que era y es su mejor amiga. ¿Qué le digo? ¿Cómo lo hago? Trata de encontrar la manera, mientras suda sin parar, nervioso. Cuando al fin da el paso al frente, un coche aparece por aquella calzada. Davinia va dispuesta a subirse en él. Álex echa a correr.

—¡Davinia!

La joven se vuelve. Aquel grito sonó tan fuerte que incluso pudo oírlo, pese a tener la música tan alta.

—¿Dónde vas? —pregunta Álex, ceño fruncido, respiración algo descontrolada.

—Me marcho, Álex —responde Davinia—. Creo... que es lo mejor. A fin de cuentas, no podemos cambiar el parecer de nuestros padres.

—¿Te vas? ¿Ahora? ¿A Londres? ¿Es eso?

—Sí, Álex —contesta Davinia, voz algo entrecortada—. Lo he pensado y creo... creo que es lo mejor.

—Pero... si no decías eso estos días.

—Ya... pero... —mirada al vacío, se encoge de hombros—, en este viaje me he dado cuenta que es lo mejor para mí.

—Davinia, —vuelve a llamar la atención de ella Álex, agarrándola del brazo, impidiéndole entrar en el coche. Se miran, ojos vidriosos en ambos—, no te vayas, por favor. No puedes irte ahora.

—¿Por qué? —pregunta ella, entusiasmada, deseosa de oír aquello que de los labios de su amigo está a punto de brotar.

—Porque... yo...

—¡Davinia! —Martín, su padre, irrumpe por detrás, dando un fuerte portazo. La agarra violentamente del brazo y la mete en el coche, de un fuerte empujón. Lanza una mirada furtiva contra Álex, que le mira apretando los dientes—. Vámonos de una vez de este maldito pueblo.

Y sin dar opción a réplica, arranca el coche y se alejan de allí. Petrificado se queda Álex, quien no puede evitar que de sus ojos broten dos lagrimones que surcan sus mejillas mientras la ve alejarse, mirándolo por el cristal trasero, como si esperase aquella respuesta.

—Yo te quiero, Davinia —dice, y de rodillas, cae al suelo.

Años después...

—Me duele la mano de tanto escribir, papá.

—Pero no me digas que no es preciosa la historia —dice Alejandro, media sonrisa—. Seguro que sacas la mejor nota de clase.

—Oye, al final, ¿qué pasó con la bisabuela? ¿Cuál era ese secreto que escondía junto a aquel maestro?

—Nunca lo supimos. Los años después del encuentro se siguieron viendo. Jugaban a ser jóvenes. Era tan tierno verlos —recuerda Alejandro—. Pero, pronto, la abuela comenzó a olvidarnos a todos, incluso a Eusebio. Y entonces... todo terminó.

—Oh, qué pena —lamenta Santiago.

—Pues sí, hijo mío, pero como todo en la vida, las historias tienen su fin.

—A mí me ha gustado la historia, papá. He disfrutado mucho con ella.

—Me alegro mucho, campeón. —Palmea su espalda Alejandro—. Algún día, tú podrás vivir la tuya, ya verás.

—¿Qué pasó con Davinia, papá?

Alejandro se pone en pie y camina un par de pasos. Asoma por la ventana su nostálgica mirada, mientras se lleva la mano al pecho. En su rostro, se puede deducir la respuesta a esa pregunta. Se frunce, se vuelve triste y oscuro. Retornar a esos momentos hizo que su corazón se desboque, aflorando de nuevo aquellos adolescentes sentimientos del primer amor, ese que nunca se olvida, según dicen.

—Ella... nunca volvió, hijo —contesta—. Nunca más supe de Davinia. Él último recuerdo que tengo es... verla marchar en aquel coche, junto a sus padres.

—¿Se quedó a vivir en Londres?

—Supongo. —Se encoge de hombros—. Allí haría su vida y, seguramente, se casaría y ahora tendrá una familia.

—¿Aún la quieres? —Santiago mira a su padre, con ternura, quien le devuelve la mirada, tomando una bocanada de aire—. Siempre que has hablado de ella, te has emocionado.

—Hay amores que no se olvidan, hijo. Fue algo que aprendí en ese viaje. Por mucho que pasen los años, si el amor es verdadero, permanece intacto, como el primer día —contesta Alejandro, tomando asiento de nuevo junto al crio—. También aprendí que, si alguna vez te enamoras de una chica, nunca debes guardarte lo que sientes. Porque, quizás, puede ser demasiado tarde.

—A mí me gusta una niña de mi cole —sonríe Santiago, sonrojado.

—Pues ya sabes. No pierdas el tiempo.

Se sonríen. Alejandro frota con una de sus manos la cabellera de su hijo y luego comienzan a juguetear, mientras la tarde se consume y poco a poco la noche hace su entrada en escena, para dar por concluido otro día más. Un día especial, lleno de recuerdos, de momentos vividos que retornaron a su memoria. Los pudo compartir con su mitad, quien ahora los compartiría con sus compañeros de clase, orgulloso de su padre, de aquella historia y de lo que para él significó.

38

Otoño de 1936

Repleta estaba la iglesia. En el altar, ante los ojos de Dios y del padre Froilán, Borja y Luz María se miraban, unidas sus manos. Él lucía orgulloso su uniforme militar. Ella iba de blanco impoluto. Él estaba radiante, feliz, alegre. Ella no tanto. Se limitaba a forzar una tímida sonrisa, falsa, de mentira. No la sentía. Como incapaz era de sentirse feliz en el día que debía ser el más importante de su vida. Oteó su mirada en rededor, apreciando a toda aquella muchedumbre allí agolpada: vecinos, conocidos, familia... su madre, Martirio, que ni siquiera se quitó el luto aquel día, cubierta su cabeza con un pañuelo negro, le lanzó una tierna sonrisa. Todos asistían a una gran farsa de la cual era protagonista sin desearlo. Aquellas cadenas comenzaban a asomar y apretar sus suaves muñecas, maniatadas.

—Luz María, ¿quieres a Borja por esposo, y prometes serle fiel en la salud y en la enfermedad, en la riqueza y en la pobreza, en definitiva, en todo, hasta que la muerte os separe? —preguntó el padre Froilán.

—Sí... quiero —respondió ella, poniendo a Borja el rostro de Eusebio, sonriente. No hubo otra manera, tras unos segundos de silencio. Qué fría estaba esa gruesa cadena que la ataba.

Se besaron. Y en sus labios quiso sentirlo, una vez más, pero lejos estaba, no sabía dónde. No sabían igual, no vibraba como esperaba. La realidad se hacía ante sus ojos cuando abrió los ojos y allí estaba Borja. La iglesia entera se agitó con un sonoro aplauso. Caminaron de la mano, recibiendo las felicitaciones de todos. Los hombres de Borja se cuadraron ante él, haciendo un pasillo para que pasaran los recién casados. Subieron a un coche, en el que se alejaron, agarrados de la mano.

—Te voy a hacer la mujer más feliz del mundo —prometió Borja, besándola en la mejilla.

Marcharon en ese vehículo, mientras ella miraba hacia aquella iglesia, donde los invitados seguían con la mirada cómo se alejaban. Entre ellos, buscó a su madre, a quien miró con rabia, mordiéndose los labios.

—Ha sido una ceremonia preciosa, ¿no crees? —continuó Borja, que bajó la mirada—. A quien he echado en falta es a Paul. Tanto tiempo sin saber de él. Aunque al principio no le aguantaba, tengo que reconocer que, poco a poco, me fue ganando como amigo. Espero... que sea fuerte y si es cierto eso que dicen que ha podido desaparecer... sea capaz de sobrevivir, pueda llegar a una zona nacional y regresar.

—Es un hombre de recursos. Seguro que lo logra —disimuló Luz María, que palideció al recordar aquella vacilante mirada.

Juntos, se alejaron de aquella plaza para emprender un nuevo camino, unidos, condenados a amarse, a ser felices en una nueva vida que comenzaba, forzada, interesada y convenida. Con los años, quizás naciera el amor. Luz María solo sonreía recordando a Eusebio.

No demasiado lejos, oculto en una cueva entre las montañas, junto a su caballo, Eusebio escribía una carta a Luz María, mientras se calentaba con una hoguera que hizo, pequeña, pero intensa.

Querida Luz María:

Te escribo desde una cueva tan fría, tan oscura, fiel reflejo de mi corazón marchito, donde la única luz que me da calor es una hoguera, donde puedo ver tu rostro, sonriendo, lleno de vida. Sigues siendo esa luz que guía mi camino.

No tengo claro qué destino tomaré mañana. Solo tengo claro que quiero vivir. Que quiero luchar por la libertad. Llevo días sin comer, bebiendo de las aguas de los ríos que me cruzo, ocultándome del fuego enemigo, huyendo como un cobarde. No me queda elección. ¿Merece la pena vivir así por defender unos principios? ¿Por creer en la libertad? La respuesta es sí. Merece tanto la pena como el deseo de volver a verte, de recuperarte, de poder ser felices juntos. Pero, mientras tanto, seguiré caminando, hasta encontrar el camino correcto que me lleve allá donde pueda serle útil a mi país.

Sé que, por estas fechas, te estarás uniendo en sagrado matrimonio con alguien a quien nunca amarás como me amas a mí. Solo espero que sepa hacerte feliz como yo quisiera hacerlo, que te haga sonreír y volar, aunque sé que difícil será. Por ello, te pido que me esperes. Pronto volveré.

Te quiero, Luz María. Tú, siempre, la luz que guía mi camino.

En las manos de Luz María descansaba aquella cascada hoja, años después. Concretamente, un frío día de noviembre de 1975. Hacía pocos minutos que el presidente del gobierno, Carlos Arias Navarro, había anunciado por televisión lo que todos llevaban días esperando, como una eterna agonía. Franco había muerto, tras una larga enfermedad, tras varias intervenciones, tras casi mantenerlo con vida a toda costa. Murió en su cama, porque le llegó la hora de —como él decía en su testamento— rendir cuentas al altísimo. Tras ese anuncio, Luz María y Borja se miraron. Ella corrió hacia el altillo. Él salió a la calle, a fumarse un cigarro, mientras perdía su mirada entre las silenciosas calles del pueblo, ojos húmedos. ¿Y ahora qué?

Se sumergía en aquellas cartas, deteniéndose en aquella, la primera que recibió de Eusebio. Emocionada, recordándole, sonrió pensando que ya podría volver a casa, que ya volvería a tenerle cerca. Era una manera de, al menos, consolarse. Una joven Sole interrumpió aquel momento. Su adolescente hija, algo confusa, asustada, como todo el país aquella mañana, sumido en un profundo silencio, en un cónclave que se hacía eterno.

—Mamá, ¿estás llorando?

—No, hija. —Se secó las lágrimas Luz María—. Solo que... estaba ordenando esto un poco y me ha caído un poco de polvo.

—¿Son las cartas de esa amiga tuya? Si ha muerto Franco, ya podrá volver a España, ¿no?

—Ojalá que sí —contestó, pensando en Eusebio.

Sole se acercó a su madre. Agarró su mano y ambas se miraron.

—Mamá, siempre que subes aquí te pones triste. Ya no soy una niña —le espetó, rostro serio.

—Lo sé, hija. Estás hecha ya toda una mujer —Luz María acarició el rostro de su niña—, pero hay algo que debes entender. El corazón de una mujer es capaz de guardar secretos tan profundos que permanecen anclados años.

—Y, ¿qué quieres decir con ello?

—Algún día, cuando seas algo más mayor, te lo contaré.

Nota del autor

Si ha llegado hasta aquí, es que ha terminado esta obra en la que tanto cariño, esfuerzo, dedicación, esmero e ilusión he puesto. Quiere decir que le ha gustado —o no—, pero que ha decidido sumergirse en ella hasta el final. Es por ello que quisiera aclararle que es una obra de ficción basada en una época concreta de nuestra historia. Una época tan polarizada y tan oscura que todavía hoy, años después, sigue retumbando. Quisiera aclararle que, en mi caso, no me siento identificado con uno u otro bando de esa maldita guerra que nunca debió producirse, pese a que, a través de estas páginas, pueda suponer algo. Como muchos de ustedes, he crecido con abuelos que fueron derrotados o vencedores de la misma, pero que decidieron hacer un ejercicio de silencio y tirar para adelante una vez se instauró la democracia en España. Nunca me han educado en el odio, ni en estar de un lado ni en otro. Solo en mirar al futuro.

En esta obra, lo que trato de hacer es reflejar el sentir de unos y otros, a la máxima expresión. Es por ello que me veo obligado a escribir esta nota, porque no quiero que se me tache de una u otra cosa en un país cada día más polarizado.

Espero que la hayan disfrutado tanto como yo al escribirla.

Atentamente,
El autor.

Índice

Este libro se terminó de editar en Granada
en octubre de 2024 por

Aliarediciones

www.aliarediciones.es
info@aliarediciones.es